RUT NIEVES

CREE EN TI

Descubre el poder de transformar tu vida

Volumen 1

Obra editada en colaboración con Editorial Planeta – España

Diseño de portada: adaptación del original, Planeta Arte & Diseño
Fotografía de la autora: © David Campos
© de las ilustraciones del interior, © archivo de la autora, © Dandelia,
© ChaiyonS021 – Shutterstock, © William Potter – Shutterstock; ©
mariyaermolaeva – Shutterstock, © Wilm Ihlenfeld – Shutterstock, © Jam
Norasett – Shutterstock, © Jan Faukner – Shutterstock, © Petra Schueller –
Shutterstock, © Kichigin – Shutterstock
Diseño de interior y maquetación: © Dandelia

© 2014, Rut Nieves Miguel

© 2017, Editorial Planeta, S. A. – Barcelona, España

Derechos reservados

© 2018, Editorial Planeta Mexicana, S.A. de C.V.
Bajo el sello editorial DIANA M.R.
Avenida Presidente Masarik núm. 111, Piso 2
Colonia Polanco V Sección
Delegación Miguel Hidalgo
C.P. 11560, Ciudad de México
www.planetadelibros.com.mx

Primera edición impresa en España: septiembre de 2017
ISBN: 978-84-08-17627-5

Primera edición impresa en México: febrero de 2018
ISBN: 978-607-07-4671-0

Impreso en los talleres de Litográfica Ingramex, S.A. de C.V.
Centeno núm. 162-1, colonia Granjas Esmeralda, Ciudad de México
Impreso en México -*Printed in Mexico*

«Que este libro abra las puertas de tu conciencia y tu corazón a tu grandeza y al inmenso poder que reside dentro de ti, para hacer realidad los sueños que duermen en tu corazón y ser cada día más feliz.»

Rut Nieves

Dedicado a los que siempre están ahí, a mis padres, a mi hermana y a ti, querido lector, querida lectora.

Quiero dar las gracias a todos los que de una forma u otra forman parte de mi vida. Y en especial quiero dar las gracias a los que han sido mis grandes maestros, los que más me han enseñado, las personas que han sido un espejo y un modelo para mí. Gracias, mamá; gracias, papá. Gracias, Sara. Gracias, Pedro. Y gracias, Laín.

También quiero dar las gracias a todos los que me han inspirado y me han enseñado con sus libros y conferencias. Gracias a Ricardo Gómez, Laín García Calvo, Sergi Torres, Bruce H. Lipton, T. Harv Eker, Joe Vitale, Javier Iriondo, Stephen Covey, Masaru Emoto, Gregg Braden, Howard Martin, César Álvaro, Esteban García, Patricia Römer y a todos los que han creído en el ser humano y han dedicado su vida a la investigación y a divulgar el desarrollo del potencial humano.

Gracias al universo entero y gracias a ti.

✉ contact@rutnieves.es
🔗 **www.rutnieves.com**

ÍNDICE DE CONTENIDOS

POR PARTES

NOTA A LOS LECTORES

Creo que los libros, al igual que los hijos, eligen a sus padres. Creo que todos tenemos un propósito divino que elegimos antes de nacer y lo olvidamos cuando nacemos. Y, para poder llevarlo a cabo, el primer paso es empezar a recordar quién eres y todo el poder que se te ha dado para disfrutar de esta vida y experimentar el **amor**.

Cree en ti es lo que la vida me fue enseñando durante muchos años y lo que me pidió que compartiera con ustedes.

Cree en ti para mí ha sido un gran maestro. Primero, porque reúne las respuestas que busqué durante más de 20 años, y segundo, porque es un libro que no deja de sorprenderme con un sinfín de milagros y de enseñarme toda la belleza de la vida, el poder ilimitado, transformador y sanador del **amor**, y todo el potencial que reside dentro de cada uno de nosotros, en nuestra mente y en nuestras emociones.

No tengo palabras para expresar toda la gratitud que siento por los miles de mensajes de agradecimiento, recibidos de lectores de todo el mundo, por todo lo que les ha ayudado este libro y cómo ha transformado sus vidas la información que en él comparto.

Escribí *Cree en ti* en menos de un mes, mientras hacía una maestría de *coaching* y daba clases extraescolares a adolescentes. Fue un milagro toda la energía y la inspiración que recibí para escribirlo. Al principio no era capaz de permanecer más de diez minutos seguidos sentada, estaba muy inquieta y mentalmente bloqueada. Hasta que reconocí mis miedos, me permití sentirlos y los liberé. Dentro de mí presentía que *Cree en ti* me iba a cambiar la vida, a mí y a millones de personas, y esa idea al principio me abrumaba. ¿Quién era yo para escribir un libro así? ¿Y cómo iba a ser eso posible, si mi vida había sido tan normal?

Cree en ti empezó siendo un libro autoeditado que se vendía sólo en mi web y en Amazon, y que en pocos meses pasó a estar entre los más vendidos de la plataforma. Las librerías empezaron a llamarme porque muchos clientes se lo pedían y, poco a poco, la red de distribución empezó a crecer. Al año publiqué la segunda parte, *Manual avanzado de manifestación* y a los dos años, la tercera, *El amor de tu vida*. En menos de tres años ya se habían vendido más de 50,000 ejemplares. Yo soñaba con que algún día me llamaría Planeta para decirme que querían publicarlos, y mientras estaba escribiendo *El amor de tu vida*, me escribieron. Yo era consciente de que, para que el libro llegara a todas las personas del mundo que deseaban leerlo, necesitaba una gran editorial que me ayudara a hacerlo. Y este libro que tienes hoy en tus manos es el fruto de un sueño y del trabajo y del cariño de muchas personas.

Yo sólo soy un canal para que la información que transmito en este libro pueda llegar a todos aquellos que la necesiten. Creo que todos somos igual de valiosos e importantes, que todos hemos sido bendecidos con innumerables dones y que el potencial que reside dentro de cada uno de nosotros es ilimitado.

Creo que lo más valiente que hay en la vida es atreverse a escuchar a tu corazón, a tu yo divino, y hacerle caso a pesar del miedo. *Cree en ti* es el primer libro de la trilogía que lleva su nombre y en él reúno toda la información que a mí me cambió la vida en sólo unos meses. En él hablo de las enseñanzas que los grandes maestros y autores nos han ido transmitiendo a lo largo de la historia, y los descubrimientos que ha hecho la ciencia en los últimos años, todo ello contado desde mi experiencia de vida.

Somos seres divinos que, antes de nacer aquí, elegimos vivir una vida humana. Por eso permíteme que te diga que eres realmente valiente y valioso por haberte atrevido a nacer sabiendo que ibas a olvidar tu condición divina.

Si estás leyendo este libro, es porque ya estás preparado para recordar quién eres y gozar de la vida que mereces. Y, si ya lo sabes, pero todavía no lo terminas de creer, abre tu mente y permítete sentirlo, para que puedas integrarlo y experimentarlo en tu vida.

Uno de los grandes descubrimientos de mi vida es que el sufrimiento no es necesario, es tan sólo una elección. La vida trata de despertarnos suavemente, pero cuando no lo hacemos, empieza el sufrimiento. Si no aprendemos poco a poco, llegará un momento que sucederá algo que nos hará aprender y despertar de golpe: una pérdida, una enfermedad, un despido, una separación, etcétera.

Nada de lo que has vivido ha sido casual, la vida trata de despertarte con cada experiencia para recordarte que viniste aquí para ser feliz, para gozar, disfrutar y experimentar el amor.

Y lo mejor de todo es que, cuando eliges aprender disfrutando, el drama poco a poco va desapareciendo de tu vida, en la medida que seas consciente de que todo sucede para tu más alto bien. Y en la medida que vayas transformando tu forma de ver lo que te sucede, creyendo en ti y en tu vida, ésta empezará a ser preciosa.

RUT NIEVES

¿POR QUÉ LEER ESTE LIBRO?

La razón de ser de este libro es devolverte el poder que te pertenece. Para eso lo he escrito, para que tú seas consciente de tu capacidad para transformar tu realidad y vivir una vida extraordinaria.

El amor y la intención que he puesto en cada una de estas palabras despertará el amor que reside dentro de ti y empezará a expandirse por todo tu cuerpo y más allá de él.

En este libro explico los secretos de tu mente. Y a lo largo de sus páginas empezarás a descubrir el tremendo potencial que reside en ella.

A medida que empieces a ser consciente de todo lo que tienes, empezarás a enamorarte poco a poco de tu vida, a creer en ti y a abrir los ojos a un mundo lleno de infinitas posibilidades.

Empezarás a sentirte inmensamente feliz por estar vivo y agradecido por estar viviendo en este preciso momento. Tu vida entera empezará a parecerte mágica y maravillosa.

Cuando leas este libro, vas a empezar a **creer en ti** plenamente. Así que si no quieres creer en ti no sigas leyendo. Si no crees en el poder del amor y de las palabras, no leas más. Tu tiempo es muy valioso, no lo pierdas haciendo algo en lo que no crees.

Pero si una parte de ti te pide que lo hagas, porque quiere saber más, entonces **¡hazlo!**

Pues no sólo vas a empezar a creer en ti, sino que además te vas a enamorar completamente de la persona más importante, fascinante y grandiosa que jamás has conocido. Te vas a enamorar de ti.

Vas a empezar a entender lo que has vivido, a reconciliarte con tu vida, y empezarás a sentirte agradecido por haber llegado hasta aquí. Te vas a reconciliar con todo aquello que hasta ahora has negado de ti y vas a descubrir que es posible reescribir el resto de tu vida.

Este libro es una puerta hacia tu libertad. Nunca más volverás a ser una víctima de las circunstancias, sino que empezarás a ser el creador de tu vida.

Los principios que revelo en este libro cambiaron completamente mi vida y siguen cambiándola cada día. Todo aquello de lo que hablo lo he probado antes en mí misma. Los resultados los he visto en mi vida y en las de miles de personas que ya aplican estos principios.

Volví a nacer o simplemente desperté de un sueño. Y cuando lo hice, empecé a vivir plenamente con la misma ilusión y la pasión con la que los niños ven la vida.

¿PARA QUÉ HE ESCRITO ESTE LIBRO?

Éste no es un libro de autoayuda, es un libro de autoempoderamiento.

La misión de este libro es informar a aquellas personas que quieran descubrir el poderoso potencial que reside dentro de cada uno de nosotros. A través de un viaje hacia el interior de ti mismo, vas a descubrir cómo funciona tu mente, tus emociones, y cómo tu forma de pensar ha consolidado la vida que tienes hoy.

Independientemente de dónde te encuentres en este momento, de lo que hayas vivido y de dónde quieras llegar en la vida, el punto de partida siempre está en el conocimiento y la comprensión de uno mismo. Y en reconocer quién eres, dentro del mundo en el que vives.

Una vez que descubres quién eres y conectas con tu esencia, empiezas a desatar el potencial dormido y a entender por qué estás aquí. Empezarás a reconocer la importancia de lo que has venido a hacer.

Como decía Gandhi:

«Casi todo lo que hagas en tu vida será insignificante, pero es muy importante que lo hagas. Porque nadie más lo hará.»

Descubrirás que lo tienes todo y que siempre lo has tenido. Yo simplemente te voy a guiar, dándote pistas, para abrir tu mente al entendimiento y puedas ver lo maravilloso que eres y lo extraordinario de tu existencia.

Tú eres mucho más de lo que imaginas y puedes mucho más de lo que tú crees.

Pero tal y como decía Steve Jobs cuando inventó la primera computadora personal: «¿Cómo va a saber la gente que la quiere si ni siquiera sabe que existe?».

Un año antes de empezar a escribir este libro entendí por qué mi vida había llegado hasta ese punto. Por qué no había conseguido **vivir** mis grandes sueños. Entendí cómo las creencias que absorbió mi mente durante los siete primeros años de **vida** habían dirigido y condicionado el resto de mi **vida**.

Para mí fue vital comprender que yo soy más que mis pensamientos, que mi **vida** es el fruto de mis creencias y que estas creencias se pueden cambiar para que tu mente te dirija hacia la vida que deseas.

Mientras no tomes conciencia de quién eres y no te ocupes de conocerte, serás una marioneta dirigida por tu mente subconsciente. Puede que pienses que la vida es injusta, que trata mejor a unas personas que a otras o que somos fruto de las circunstancias.

En el momento que descubras cómo funciona tu mente, tu corazón, y la relación que existe entre tus creencias y tu vida actual, comprenderás que nada de eso es cierto. La vida es perfecta, es realmente extraordinaria. Aunque todo eso lleve un tiempo descubrirlo, lo cierto es que está ahí, y que te está dando todo lo que necesitas en cada momento. Permítete descubrirlo.

¿Y SI TODO LO QUE SABES ES FALSO?

CREENCIAS

«CUANDO COMPRENDAMOS QUE LA FILOSOFÍA ACTUAL Y LAS PERCEPCIONES INDIVIDUALES SON EN REALIDAD CREENCIAS ADQUIRIDAS QUE DETERMINAN NO SÓLO NUESTRA BIOLOGÍA, SINO TAMBIÉN EL MUNDO EN EL QUE VIVIMOS, ADQUIRIREMOS UNA VISIÓN PERSONAL QUE CAMBIARÁ EL MUNDO.»

Bruce H. Lipton
Científico y biólogo celular estadounidense

—¿Todo? ¿Todo? —me preguntó mi madre.

Cuando tu sistema de creencias está asentado sobre una base equivocada, todo se ve afectado. Cuando cambias esa base, cuando cambias el punto de vista, todo cambia, nada es exactamente igual.

En el camino del aprendizaje a veces es necesario desaprender lo aprendido y aceptar la posibilidad de que quizás las cosas no funcionen exactamente como siempre habíamos creído o como nos habían contado.

La historia está llena de paradigmas que se han ido cambiando a medida que la ciencia ha ido avanzando. Pero no siempre ha sido así. Los grandes descubridores de la historia no siempre la tuvieron fácil para convencer a la sociedad de que sus creencias estaban equivocadas. Porque lo cierto es que, una vez que culturalmente heredamos una serie de creencias, nuestra mente se resiste a creer lo contrario.

Es impresionante la cantidad de información que obviamos y damos por supuesta desde el momento en que nacemos hasta que morimos.

¿Cuánta información has recibido a lo largo de tu vida sin ni siquiera cuestionarla? ¿Alguna vez te has preguntado cuántas creencias culturales has incorporado sumisamente sin ponerlas en tela de juicio?

Hace años que las corrientes científicas más vanguardistas dejaron atrás las teorías darwinianas y el determinismo genético. Pero por razones en mi opinión puramente económicas, no todo lo que descubre la ciencia se difunde igualmente.

Atrás quedaron las teorías de Darwin, en las que se defendía que somos fruto del azar y de la lucha por la sobrevivencia, así como aquellas que decían que estamos determinados por nuestros genes.

Bruce H. Lipton trabajó como profesor de Biología Celular en la prestigiosa Facultad de Medicina de la Universidad de Wisconsin. Es mundialmente conocido por su investigación sobre la clonación de células madre y más tarde llevó a cabo estudios pioneros en la Facultad de Medicina de la Universidad de Standford.

Sus revolucionarios estudios sobre la membrana celular han sentado las bases de la nueva epigenética y lo han convertido en uno de los principales exponentes de la biología moderna. Bruce llegó a la conclusión de que no somos fruto de nuestros genes, sino que **son nuestras creencias las que determinan nuestra biología**. Y gracias a la enorme plasticidad de nuestro cerebro, nuestras creencias se pueden cambiar.

Con lo cual, el primer mito que se desmonta gracias a sus teorías es que las personas no pueden cambiar. Ya lo creo que pueden. Aunque, eso sí, es una decisión que sólo puede salir de uno mismo. Pues mientras una persona se cierra al cambio, no hay mucho que hacer.

Porque lo cierto es que todo nuestro sistema de creencias lo tenemos muy bien arraigado en nuestra mente. Y por eso, cada vez que la ciencia descubre algo nuevo, es decir, que las cosas no son como habíamos creído hasta ese momento, nuestra mente se resiste a las nuevas teorías.

Inevitablemente, la historia cambia cuando cambias el punto desde el cual la miras.

Hay una diferencia abismal entre creer que eres una víctima de las circunstancias, que tu vida está determinada por tus genes o que eres un mero fruto de la casualidad, a reconocerse escritor, director y cocreador de tu propia vida y del mundo en el que vives.

«No es lo que ignoramos lo que nos impide prosperar, lo que constituye nuestro mayor obstáculo es lo que creemos que sabemos y luego resulta que no es así.»

Josh Billings

Pues bien, te diré algo, todos los pensamientos que almacenas en tu mente tienen consecuencias en tu vida. No hay ni uno solo que no pague una renta por estar ahí.

La primera vez que escuché que es cada persona la que crea su propia realidad a través de sus pensamientos, me sonó muy loco.

¿Cómo podía ser eso posible?

En otro momento de mi vida no lo hubiese creído. Pero lo cierto es que yo llevaba bastante tiempo buscando respuestas. Y quien busca, tarde o temprano, acaba encontrando.

«El maestro aparece cuando el discípulo está preparado.»

Refrán hindú

Por eso no es casualidad que ahora mismo **tú** estés leyendo este libro. **Nada sucede por casualidad.**

Aquel día, a pesar de que yo ya estaba preparada, encontrar la respuesta fue doloroso. Para mí no fue fácil reconocerme responsable de todo lo que había vivido. No es fácil asumir que todo lo que has sufrido te lo podías haber ahorrado.

Puede que estés pensando: «Sí, somos responsables en parte, pero no de todo».

Te entiendo. Al principio yo tampoco lo creía. Sin embargo, poco a poco, la vida me ha ido demostrando que sí lo somos. Porque, en el fondo, todos somos uno. Y consciente e inconscientemente, con nuestra forma de pensar, sentir y comportarnos, estamos influyendo en el mundo en que vivimos.

Pero, tranquilo, esto no lo tienes que creer. Ni esto ni nada de lo que digo en este libro. Eso sí, te animo a que abras tu mente a la posibilidad y lo compruebes por ti mismo.

Volviendo a mi historia, al principio fue doloroso asumir eso. Y si lo asumí es porque, aun sin entenderlo, sentía que era cierto. Sin embargo, una vez asumes la responsabilidad de todo lo que has vivido, reconoces también el derecho y la capacidad de cambiar el curso de tu vida. Y eso sonaba increíblemente bien.

Para eso he escrito este libro. Para dar a tu mente todas las razones y pruebas suficientes para que **tú** reconozcas tu capacidad y tu poder para transformar aquellas áreas de tu vida que desees.

Hace más de seiscientos años tampoco creyeron a Copérnico y a Galileo cuando dijeron que era la Tierra la que giraba alrededor del sol. Y los acusaron de herejes. **¿Por qué?**

La respuesta es bastante simple. Siempre nos aferramos a lo que nuestra mente conoce. Nos aferramos a nuestras creencias como si fueran verdades absolutas. Y de entrada, no es fácil dar nuestro brazo a torcer y asumir que todo aquello que creemos como cierto no son otra cosa que creencias heredadas.

La mayoría de las creencias son culturales o familiares, se transmiten de generación en generación sin que **tú** siquiera seas consciente de ello.

Es probable que todo lo que revelo en este libro cambie muchos de tus esquemas y de tu forma de percibir la vida hasta ahora. O tal vez refuerce esas ideas que tú ya tenías y no terminabas de creer o de encajar las piezas.

En cualquier caso, te garantizo que este libro abrirá un poco más tu mente, y eso siempre es sinónimo de libertad.

Principalmente, te va a ayudar a liberarte de una gran dosis de preocupaciones y sufrimiento. Porque el sufrimiento no es otra cosa que el fruto del desconocimiento. Sufrimos debido a nuestra forma de percibir la realidad, porque desconocemos nuestra capacidad de transformarla, y también sufrimos porque no nos han enseñado a **amarnos** completamente.

Nos pasamos la vida creyendo que no podemos hacer mucho, ¡cuando en realidad podemos hacer muchísimo!

Lo mejor que me enseñaron mis padres fue que yo era capaz de conseguir todo lo que me propusiera.

Eso ha hecho que nunca me detuviera hasta encontrar lo que estaba buscando.

Me gradué en la Escuela Técnica Superior de Arquitectura de Madrid. Ejercí como arquitecta durante más de doce años en España y más tarde en Alemania. Trabajé con grandes arquitectos, en numerosos estudios, coordinando proyectos y equipos. Formé parte de la dirección de obra de cientos de viviendas. Ganamos muchísimos concursos y construimos miles de viviendas. Disfruté mucho con mi trabajo, pero algo me decía que eso no era todo, que había algo más importante para mí.

Desde muy pequeña he vivido en distintos lugares de España, en Italia y en Alemania. Pasé una temporada estudiando inglés en Brighton y alemán en Viena. He viajado sola por Centroeuropa y Sudamérica. He conocido a personas extraordinarias que me han hecho sentir que estaba en casa. Me he adentrado sola en las montañas y en los bosques con más de un metro de nieve virgen, he pedido aventón sola, he hablado en público en alemán, he cocinado para más de cincuenta personas, etc. He aprendido a escalar, esquiar fuera de pista y a subirme a una tabla de windsurf con más de 30 años. He aceptado todos los retos que me ha propuesto la vida y todos los que se me han ocurrido a mí.

Sin embargo, la vida no era lo que yo esperaba y yo me negaba a creer que la vida fuera sólo eso.

Cuando cumplí 30 años había acumulado tantas experiencias sin comprender y tanta frustración que dejé de dormir y entré en depresión.

Busqué ayuda y encontré a un gran psicólogo que supo acompañarme con muchísimo cariño en el proceso de descubrir mi inmenso valor y mi grandeza. Con los años empecé a sentirme más segura. Ascendí en mi trabajo y mi calidad de vida empezó a mejorar. Sin embargo, yo aún no había logrado encontrar lo que más quería.

Había dedicado casi veinte años a la arquitectura, entre los años de estudio y los que estuve trabajando, y aunque disfrutaba mucho con mi trabajo, sabía que había una vocación aún mayor en mí. Pero no sabía cuál.

El amor era la segunda gran incógnita en mi vida. Seguía sin entender qué ocurría con el amor.

Durante muchos años me había preguntado: «¿Por qué yo soy capaz de conseguir con facilidad lo que para otros es difícil? ¿Y por qué otros consiguen con facilidad lo que yo no he conseguido?».

Siempre he estado dispuesta a hacer todo lo que fuera necesario para encontrar lo que buscaba. No era el cambio lo que más miedo me daba, lo que más temía era que mi vida no cambiara.

Sin embargo, durante varios años cometí un error. Dejé de soñar, porque había observado que, cuanto más deseaba algo, más se alejaba de mí.

Pero si dejas de soñar, acabas perdiendo la ilusión y dejas de vivir. Que era lo que a mí me había pasado cuando dejé de dormir. Ésa era otra gran incógnita sin resolver: ¿por qué cuando anhelas algo con mucha fuerza parece que no llega?

Dos decisiones cambiaron mi vida marcando un antes y un después.

La primera la tomé tres años antes de escribir este libro. Lo dejé todo por mí. Lo dejé todo por ir en busca de aquello que aún no había encontrado. Quería ser feliz y estaba dispuesta a llegar hasta donde fuera necesario. Dejé mi trabajo como arquitecta, mi departamento, mi ciudad, mi país y a las personas que más quería. En Madrid ya lo había intentado todo.

Y hacía años que yo me sentía atraída por el centro de Europa. No tenía nada que perder. Mi vida se había estancado y necesitaba hacer algo que la reactivara. Y así llegué a los bosques de la Selva Negra, en busca de aquello que aún no había encontrado.

Durante los dos años que viví en Friburgo, tuve la oportunidad de distanciarme de las expectativas que los demás habían puesto sobre mí y del qué dirían. Allí empecé de cero, sin conocer a nadie y prácticamente sin saber nada de alemán.

Un año y medio después me di cuenta de que **había conseguido todo aquello que me creía capaz de conseguir**. Y no había logrado aquello que, en el fondo, no me creía capaz o merecedora de conseguir.

Allí tuve la oportunidad de ver la vida desde un punto de vista muy diferente, rodeada de bosques, montañas y paisajes increíbles. Una ciudad de cuento de hadas, donde todo está lleno de flores y todo el mundo va en bici.

Allí pude observar de cerca la grandeza de la naturaleza. Allí empecé a conectar con mi esencia y con lo que yo realmente amaba. Y una vez que conecté con mi esencia, todas las respuestas llegaron juntas.

Todo empezó con un libro de crecimiento personal, *Trabajo y felicidad*, de Ricardo Gómez. Apenas empecé a leer vi claramente que eso era lo que yo quería hacer. Nunca he tenido nada tan claro.

Conecté con mi propósito y empecé a investigar en el mundo de la mente y las emociones. Sabía lo que quería, pero no tenía ni idea de cómo hacerlo. Estaba muy ilusionada, pero por dentro estaba llena de miedos.

Empecé a buscar en Internet y pocos días después apareció ante mí el que sería mi mentor, Laín García Calvo. Cuando leí lo que él escribía en las redes sociales, me deslumbró. Y enseguida supe que él conocía las respuestas que yo llevaba toda la vida buscando.

Cuando el alumno está listo,
el maestro aparece.

Recibí sesiones online y él, con muchísimo cariño, me enseñó los principios que cambiaron mi vida.

Escuchar a Laín fue un auténtico *shock* para mi conciencia. Descubrir toda la información que él me explicó y que a su vez yo transmito en este libro marcó un antes y un después en mi vida. Recuerdo hasta el día y la hora. Fue el 2 de abril de 2013, a las siete de la tarde.

Todo aquello que siempre había querido entender cobró sentido.

Acoger esos principios no fue fácil, pues lo primero que sentí al aceptarlos fue una oleada de culpabilidad. Pero poco a poco fui comprendiendo que yo no era culpable de nada, porque no era consciente de todo lo que había atraído a mi vida. Y cuando transformé esa culpa en responsabilidad subconsciente, acto seguido llegó la paz.

Esos principios me dieron el valor necesario para dejar mi trabajo, volver a España y formarme para dedicarme profesionalmente a hacer lo que realmente amo.

Para mí fue necesario distanciarme de mi origen para encontrar el valor de asumir que la profesión a la que había dedicado casi veinte años de mi vida no era mi gran propósito.

Para mí no fue fácil decirles a las personas que más me quieren, que me habían pagado la carrera y que me lo han dado todo, que yo quería hacer otra cosa. Pero lo hice.

Cuando te comprometes con lo que realmente amas, recibes toda la ayuda necesaria.

En pocos meses transformé completamente mi vida siguiendo los pasos que me enseñó Laín. Fue como volver a nacer. Dejé mi trabajo como arquitecta y volví a España para dedicar mi vida a lo que realmente amo. Había encontrado mi vocación y me había enamorado completamente de mi vida. Todo lo demás era secundario. Ya podía volver, porque ya había encontrado lo que buscaba.

Ésa fue la segunda gran decisión de mi vida, adentrarme en el mundo de la arquitectura emocional. Proyectar y levantar edificios había sido un trabajo precioso. Pero ayudar a que las personas descubran el arquitecto que llevan dentro, para poder construir la vida soñada, me resulta aún más fascinante.

Es la estructura emocional y mental de cada persona la que determina la calidad de su vida, sus acciones y sus éxitos.

En pocos meses transformé mi vida y me convertí en promotora del cambio. Me adentré en lo más profundo del ser humano y descubrí el enorme potencial que reside dentro de cada uno. Conocí a personas extraordinarias que me han ayudado a llegar hasta aquí. Empecé a ver el mundo como un lugar extraordinario para vivir y me enamoré completamente de mi vida.

He leído a los grandes maestros del crecimiento interior, he asistido a seminarios, cursos, y he investigado lo que la biología, la neurociencia y la psicología han descubierto en los últimos treinta años sobre cómo funcionan nuestra mente y nuestro corazón, y cómo nos afecta la educación recibida a lo largo de nuestra vida. Ha sido apasionante descubrir la capacidad que reside en todo ser humano para transformar su realidad, el potencial de nuestro cerebro y de nuestras emociones.

He aprendido mucho de personas como T. Harv Eker, Anthony Robbins, Bruce H. Lipton, Louise L. Hay o Joe Vitale. Y en España con Laín García Calvo, Sergi Torres,

Ángel López y Ricardo Gómez. Gracias a sus libros, a las sesiones de *coaching*, a los seminarios y a los cursos, hoy vivo enamorada de mi vida.

Me formé como *coach* con Emotiva CPC, un equipo excepcional de profesionales del *coaching*, la inteligencia emocional, la programación neurolingüística (PNL) y la comunicación. En el campo de la psicología, mis grandes formadores han sido y siguen siendo Pedro Santamaría Pozo y Juan Cruz González.

Cambié la forma de ver mi vida y mi vida cambió por completo. Mejoró en todos los aspectos, en las relaciones, en la salud, en el trabajo y en la prosperidad. Empecé a dormir. Desde hace meses no he necesitado tomar ni siquiera un analgésico. He adelgazado sin esfuerzo, ya no me afectan las opiniones de los demás como antes, ni me siento ofendida cuando alguien me echa algo en cara. No me siento inferior cuando alguien me corrige o me critica. Y aunque a veces duela, ya no me siento herida cuando las personas a las que quiero se distancian. Y en definitiva: he dejado de sufrir el victimismo y he empezado a reconocerme como la responsable de mi vida.

La ignorancia es una de las mayores causas del sufrimiento de la humanidad.

La ciencia ha avanzado tanto en el último siglo que hoy en día sabemos que somos mucho más poderosos de lo que durante siglos hemos creído. **No hay ninguna necesidad de privarte de conseguir lo que amas.**

Por eso ahora trabajo ayudando a las personas a **creer en sí** mismas, a descubrir su verdadero potencial a través de mis libros, mis sesiones, seminarios y conferencias.

Por eso ahora escribo libros y hago seminarios, para que cualquier persona desde cualquier lugar del mundo sepa que, si yo pude, ella también puede. Si yo pude, tú también puedes.

EL ESCEPTICISMO CIERRA LAS PUERTAS, LA FE LAS ABRE

La mente es como un paracaídas, sólo funciona si se abre. Tu mente es el mayor valor en el que puedes invertir. Tu vida es un reflejo de tu forma de pensar. La llave está en tu mente.

Yo también era escéptica hasta que caminé por un lecho de brasas a más de quinientos grados centígrados sin quemarme y rompí una flecha con la garganta. Entonces empecé a preguntarme cuántas cosas no he hecho pensando que no era capaz.

Ese día comprendí que los límites de tu realidad los estableces tú mismo.

Todo lo que he vivido, desde que descubrí mi propósito y los principios que rigen la vida, ha sido tan increíble que ahora me dedico a difundir todo aquello que cambió mi vida y a transmitir que **tú eres libre** de elegir la vida que quieres vivir. Tú eres capaz de conseguir todo lo que amas y de tener una **vida extraordinaria**.

La mayor parte de la gente no es consciente de su grandeza y se conforma con vivir en pequeñito. No quejarse y conformarse son cosas muy distintas. Veo que muchas personas se conforman con mantener su trabajo, soportando muchas veces condiciones delicadas, aguantando las circunstancias y conformándose con ganar lo suficiente para llegar a fin de mes. Permítame que te diga ¡que la vida es mucho más!, ¡y que tú mereces y eres capaz de mucho más!

¿Por qué conformarnos con sobrevivir si podemos vivir una vida extraordinaria?

Todos nacimos con unos sueños, con una vocación, con un propósito, y es ahí donde reside nuestro motor. Cuando nos desviamos de aquello que nos apasiona y de quienes somos en realidad, perdemos nuestra fuerza, porque nos hemos desconectado de nuestra fuente de energía. En cambio, cuando conectas con tu esencia y te diriges hacia lo que amas, empiezas a descubrir un sinfín de potenciales dormidos dentro de ti.

Pero no siempre lo supe. Durante mucho tiempo llegué a pensar que la vida era una lotería y que tenía que resignarme con lo que me había tocado. Yo era capaz de conseguir cosas con facilidad que para otros eran complicadas. Y al revés, otros eran capaces de conseguir con facilidad lo que yo no conseguía por mucho que me esforzara. Y mi pregunta siempre era: ¿por qué?

SUPERPODERES Y MILAGROS

LAS EXCEPCIONES DE LA CIENCIA

«MAGIA ES CREER EN TI MISMO. SI PUEDES HACER ESO, PUEDES HACER QUE CUALQUIER COSA SUCEDA.»

Johann Wolfgang Von Goethe

Poeta, dramaturgo y científico alemán

Para mí, magia es todo aquello que mi mente no puede entender con el conocimiento y la experiencia de los que dispone.

A Galileo y a Copérnico se les tachó de herejes por declarar que la Tierra giraba alrededor del Sol y muchos científicos más fueron acusados de ser brujos porque hacían magia y decían cosas que el resto del mundo no podía comprender.

¿Qué crees que pensaron las personas que vieron por primera vez volar un avión o un cohete espacial? ¿Qué crees que pensaron las primeras personas al ver iluminarse un foco? ¿Qué crees que la gente pensó cuando les hablaron por primera vez del teléfono, de Internet o de hablar por videoconferencia de un extremo a otro del planeta en tiempo real?

¿Cuántas cosas suceden hoy día que hemos aceptado porque forman parte de nuestras creencias y sin embargo no entendemos?

Y, sin embargo, ¿cuántas cosas nos quedan por descubrir? ¿Cuántas cosas han descubierto ya los científicos? Muchísimas más de las que tu mente puede concebir.

Desde que nacemos necesitamos ver para creer. Constantemente nos dejamos llevar e influenciar por aquello que perciben nuestros sentidos. Lo que sucede es que nuestros sentidos son limitados. Sólo pueden percibir una serie de cosas, aquello que se puede ver, oír, oler, saborear o tocar. Pero eso no quiere decir que no exista nada más.

¿Cuántas cosas existen que tú no puedes ver, oír, oler, saborear o tocar?

¿Acaso puedes ver la velocidad a la que se mueve la Tierra alrededor del Sol? ¿Puedes ver la energía potencial o gravitatoria? ¿Puedes ver la energía?

Sin embargo, puedes sentir el amor que una persona siente por ti aunque estés a miles de kilómetros, puedes sentir la tensión que se respira en algunas reuniones. El amor, el enfado, la envidia, la alegría se pueden sentir y percibir aunque estemos separados físicamente.

Por naturaleza, nuestra mente descarta aquello que no conoce. Y constantemente pedimos ver para creer.

Sin embargo, para poder ver, primero hay que creer. Primero hay que dar el paso de creer para poder experimentar después.

Los milagros y acontecimientos extraordinarios no son otra cosa que aquello que nuestra mente aún no puede comprender. Pero les suceden cada día a aquellos que creen en ellos. Éste es el primero de los principios. Creer para ver y no ver para creer.

«Los que no creen en la magia nunca la encontrarán.»

Roald Dahl

Escritor

Un milagro es aquello que sucede en mi vida cuando yo me atrevo a creer que soy merecedora de recibir todo lo bueno que la vida tiene reservado para mí. Un milagro es aquello que sucede cuando tú te atreves a creer que eres capaz de lograr mucho más de lo que tu mente puede entender. Cada uno de nosotros somos seres grandiosos. Hemos sido creados a imagen y semejanza de Dios. A imagen y semejanza.

Jesús dijo:

«Si tuvieran fe, aunque fuera tan pequeña como una semilla de mostaza, podrían decirle a esta montaña: "Muévete de aquí hasta allá", y la montaña se movería. Nada sería imposible.»

Mateo 17, 20

Hoy en día muy pocos han conseguido digerir ese grano de mostaza.

Sin embargo, no es necesario entenderlo todo para creer, como más adelante veremos en este libro; la clave está en visualizarlo y sentirlo. El cómo eso va a suceder no es asunto ni tuyo ni mío.

MILAGRO (de *miraglo***).**

1. Hecho no explicable por las leyes naturales y que se atribuye a intervención sobrenatural de origen divino.

2. Suceso o cosa rara, extraordinaria y maravillosa.
Diccionario de la Real Academia Española

*La fe ve lo invisible, cree lo increíble
y recibe lo imposible.*

*«Es, pues, la fe la certeza de lo que se espera,
la convicción de lo que no se ve.»*

Hebreos 11, 1

CAMINAR POR EL FUEGO

Durante miles de años, personas de diferentes culturas y regiones del mundo han caminado sobre las brasas del fuego a más de quinientos grados centígrados sin quemarse.

Las personas incrédulas que han cruzado el fuego para comprobar que se quemarían se han quemado. Y las personas que han cruzado creyendo que serían capaces de cruzarlo sin quemarse han conseguido cruzarlas sin quemarse.

El resultado es constante. Aquellos que esperan quemarse se queman. Y aquellos que no, no se queman.

La fe de quien camina es el determinante más importante. Esto concuerda con el principio clave de la física cuántica: «El observador es quien crea la realidad».

Yo crucé las brasas por primera vez en noviembre de 2013, creyendo que mi cuerpo haría todo lo necesario para protegerme del fuego, y no me quemé. Ninguno de los que caminó conmigo ese día sobre el fuego se quemó.

Cruzar las brasas hoy en día es una técnica que se utiliza para desafiar el sistema de creencias limitantes de las personas, para superar miedos o para darse cuenta de que podemos hacer mucho más de lo que nos han hecho creer.

En cualquier caso, es una práctica que no se puede tomar a la ligera. Si quieres comprobarlo personalmente, existen seminarios específicos para ello, también conocidos como *firewalking*.

La fe, en este caso, no es algo que se pueda medir del uno al cien. O se cree o no se cree. No hay medias tintas.

CAMINAR POR EL HIELO

La tribu bajtiarí es una tribu nómada de Persia (Irán) que durante milenios ha atravesado dos veces al año los ríos y cordilleras cubiertos de glaciares en busca de pastos verdes.

Estas más de cincuenta mil personas, acompañadas por sus rebaños de ovejas, vacas y cabras, habían tenido contacto con el mundo moderno hasta los años veinte del siglo XX.

Esta tribu cavó un camino en el hielo y la nieve que recorría los más de cuatro mil metros de altura del Kuh-e Kard para poder atravesar las montañas.

La particularidad de esta tribu es que realizaba esta expedición con los pies desnudos sobre el hielo y la nieve. Sí. Caminaban descalzos más de cuatro kilómetros y medio sobre el hielo y la nieve todos los años.

Evidentemente, nadie les había dicho que no podían hacerlo y ellos lo hacían cada año como si fuera lo más natural del mundo.

A nosotros, en cambio, nos han programado para creer que en cuanto lleguen el frío y la lluvia del invierno nos vamos a enfriar y contagiar la gripa. Nos han hecho creer que somos mucho más débiles y vulnerables de lo que en realidad somos.

Pero como la mayoría de nuestras creencias, viven en nuestra mente y dirigen nuestra vida sin que seamos conscientes de ello y sin ser ni siquiera cuestionadas.

LA VIDA SE MANIFIESTA EN TODO SU ESPLENDOR CUANDO ELIMINAMOS LOS MUROS QUE NOS SEPARAN

La historia de Kyrie y Brielle Jackson dio la vuelta al mundo hace años. Las gemelas nacieron el 17 de octubre de 1995, en el Memorial Hospital, de Massachusetts, en Estados Unidos. Las pequeñas nacieron doce semanas antes de lo previsto.

Kyrie nació primero, pesó novecientos gramos y poco a poco comenzó a recuperarse. Sin embargo, Brielle pesó ochenta gramos menos y su estado de salud empeoró con los días. Tenía problemas respiratorios, cardíacos y una baja concentración de oxígeno. Se especulaba con que perdería la vida.

Sin embargo, la enfermera que estaba a cargo del monitoreo de las incubadoras, Gayle Kasparian, hizo algo que cambió el rumbo de lo que parecía inevitable. En contra de lo que ordenaban las normas del hospital, pidió permiso a los padres de las niñas y sacó a Brielle de su lugar y la acostó junto a su hermanita.

En cuanto se cerraron las puertas del cuarto, Kyrie le pasó el bracito por encima a Brielle y se produjo el milagro. En cuestión de horas, Brielle recuperó su ritmo cardíaco, la oxigenación de su sangre se normalizó y a partir de ahí empezó a ganar peso durante los días siguientes.

Esta maravillosa historia volvió a repetirse el 25 de julio de 2012, en Tucumán, con Zamira y Morena Guadalupe.

El amor es la fuerza más potente que existe y que todo lo cura.

Vive dentro de todos y cada uno de nosotros. Esta historia sigue dando la vuelta al mundo. Hay abrazos que salvan la vida.

¿Aún sigues dudando de nuestro potencial y de la capacidad del amor para sanar?

LOS MILAGROS SUCEDEN CUANDO TÚ ESTÁS LISTO PARA RECIBIRLOS. TODO LLEGA CUANDO TÚ ESTÁS LISTO PARA RECIBIRLO.

TÚ NO ERES LO QUE PIENSAS

MENTE Y SER

«TÚ NO ERES LO QUE TU CEREBRO OPINA. SI NO AMO A ALGUIEN ES DEBIDO A MIS IDEAS. Y SON ESAS IDEAS LAS QUE ME IMPIDEN SER COMPLETAMENTE FELIZ.»

Sergi Torres
Conferenciante y escritor

Sergi me enseñó que somos como un perrito que va corriendo detrás de una pelotita. Nuestros pensamientos son esa pelotita y nosotros vamos detrás de ellos.

Nos pasamos gran parte de nuestra vida buscando fuera lo que tenemos dentro. Nos pasamos gran parte de nuestra vida responsabilizando a los demás de lo que nos sucede. Nos pasamos gran parte de nuestra vida opinando, juzgando o incluso criticando.

Opinamos todo el tiempo, sobre nosotros y sobre los que nos rodean. Nuestra mente le pone etiquetas a todo. Le encanta clasificar experiencias y personas. Opinar, etiquetar, clasificar. Si vemos A, entonces va a suceder B.

Nuestra mente está viajando constantemente del pasado al futuro. Si veo esto, significa eso. Si hago esto, me va a suceder eso.

La misión de nuestra mente es protegernos. Por eso le encanta absorber información y clasificarla. Automatiza esa información que recibimos para optimizar la velocidad de reacción. Somos capaces de reaccionar en milésimas de segundo.

Gracias a ella tenemos actos reflejos y podemos hacer varias cosas a la vez sin prestar atención.

Somos capaces de conducir, escuchar música, mantener una conversación o simplemente pensar en nuestras cosas, todo al mismo tiempo. Todo esto es gracias a que nuestra mente subconsciente ha automatizado la conducción.

La mente se basa en la experiencia conocida y, en función de ésta, se adelanta al futuro, para prevenirte de lo que te va a suceder según lo que te ha sucedido hasta ese momento.

Tiene un potencial inimaginable, es el motor más potente que te puedes imaginar, es el GPS de nuestra vida. Sin embargo, nuestra mente subconsciente no razona, no distingue lo que es real de lo que no es real. Es un disco duro que almacena experiencias y automatiza respuestas. Nada más.

Eso sí, tiene unos altavoces y unos amplificadores increíbles. Siempre está hablando, alto y claro, y suena tan convincente que, incluso sabiendo que es sólo una grabación de experiencias, la mayor parte del tiempo crees lo que te dice.

Puedes hacer la prueba cuando quieras. Si repites cien veces seguidas cada día: «Yo soy capaz de conseguir todo lo que me propongo», te lo acabarás creyendo y sintiéndote capaz de conseguir todo lo que te propongas.

Es por eso que, cuanto más se critica una persona a sí misma, más se cree que así es. ¿Alguna vez te has sorprendido a ti mismo diciéndote «pero mira que soy tonto»?

Por eso es tan importante que escuches cómo te hablas a ti mismo y cambiar esos desprecios por otras palabras más cariñosas hacia ti. Porque cuanto más te repites algo, más lo crees.

Así es como hemos aprendido, a base de oír las mismas cosas una y otra vez durante años. Y es precisamente así como se formó tu sistema de creencias.

Pues bien, todo lo que tú piensas de ti mismo no es otra cosa que lo que has visto y oído a lo largo de tu vida.

La primera opinión que generamos sobre nosotros se basa en lo que hemos escuchado durante nuestra infancia. Y se ha ido reforzando con las experiencias que hemos vivido a lo largo de los años, siempre condicionadas por la información inicial.

Nos movemos con el piloto automático, siguiendo patrones heredados y aprendidos de forma automática sin ni siquiera cuestionarlos.

TÚ NO ERES LO QUE PIENSAS.
TÚ PIENSAS LO QUE TE DICEN TUS CREENCIAS.
TÚ VIVES, PIENSAS, SIENTES Y ACTÚAS
CONFORME A TU PROGRAMACIÓN HEREDADA.
PERO TÚ ERES MUCHÍSIMO MÁS
QUE UN PROGRAMA DE LA MENTE.

Sin embargo, mientras te aferres a tus creencias y no abras tu mente al entendimiento, no podrás salir de ahí.

Inconscientemente, **nuestra mente opina constantemente** sobre lo que vemos y oímos. Nos lleva a un estado emocional y esa emoción nos mueve a reaccionar de una determinada manera. Y en función de nuestros actos, obtendremos unos resultados u otros.

Los patrones de conducta se transmiten de padres a hijos, de generación en generación, sin que muchas veces las personas lleguen a ser conscientes de ello.

Sólo una pequeña parte, el 2 %, se transmite genéticamente. El resto lo aprendemos en nuestra infancia con lo que vemos, escuchamos y experimentamos.

Por eso, es muy importante ser consciente de que **tú no eres lo que has visto y oído. Tú tienes la capacidad de elegir quién quieres ser**, qué conductas quieres adquirir y qué conductas y pensamientos rechazar.

El amor, el miedo, la generosidad, el egoísmo, la confianza, la desconfianza, el optimismo, el pesimismo, todas son actitudes que podemos elegir o rechazar.

A veces las personas se sienten atrapadas en una historia, creyéndose víctimas incapaces de hacer nada, y no se dan cuenta de que **sí la pueden cambiar**. No son conscientes de que sólo ellas tienen el poder de cambiar esa historia cambiando su forma de pensar.

Tú eres el único que tiene el poder de elegir tu actitud, tu enfoque, tu punto de vista, tu forma de ver las cosas. Y eso, inevitablemente, determinará tus acciones, tus resultados y, en definitiva, tu historia. La historia de tu vida no está escrita.

Tú eres el escritor. Y no importa lo que hayas vivido, tu pasado no te define. Lo único que importa es que, a partir de ahora, tú puedes reescribir tu futuro.

Por eso es imprescindible saber disociarte de la opinión de tu mente, de tus pensamientos. Tu mente es una de las herramientas más poderosas con las que cuentas, pero **tu mente nunca podrá ser más que tú**. Es una parte de ti y una parte nunca puede ser más que el todo. Si fue creada para ti, no puede ser más que tú, por mucho ruido que haga.

Tú estás por encima de ella y, por esa razón, tú puedes cambiar la opinión que ella tiene de ti. Eres **tú** quien decide. Salvo que tú quieras permitir que sean otros los que creen tu opinión.

Nuestra mente crea generalizaciones constantemente. Es un tema de ahorro de energía, no tiene maldad.

Porque en la naturaleza todo funciona buscando el mayor ahorro energético, es decir, gastar la menor energía posible. Por eso nuestra mente generaliza y automatiza reacciones. Para protegerte con el menor consumo de energía posible. Por eso traza autopistas en tu mente asociando estímulos y reacciones. Si veo el cielo nublado, tomo el paraguas porque va a llover. Realmente tu mente no sabe que va a llover. Pero te predispone y te hace sentir que va a llover.

Si tú has tenido una mala experiencia con un vendedor o en tu infancia escuchaste que vender es algo malo, porque te van a intentar engañar o timar, tú ya estás predeterminado a sentirte incómodo cada vez que alguien trata de venderte algo o cuando tú tienes que vender algo. Cuando en realidad son sólo creencias.

Lo mismo sucede con la opinión que tenemos de los demás. Nuestra opinión es sólo una opinión generada de forma automática basada en los pensamientos que viven en nuestra mente.

Percibimos a los demás según nuestras experiencias. Asociamos ideas, interpretamos lo que vemos y nos lo creemos como si fuera cierto. Cuando, en realidad, lo que estamos sintiendo se ha generado en función de nuestros pensamientos, de nuestras creencias.

Por esa razón, cuando te sientes herido por una persona, no es esa persona la que te está haciendo daño, sino lo que tu mente opina o lo que tú estás interpretando al ver a esa persona. Es el filtro de tus pensamientos el que está generando esa emoción.

¿Por qué dos personas en la misma situación reaccionan de forma diferente?

Porque cada una lo ve de una forma diferente. Y, en función de cómo enfoquen lo que están viendo, se sentirán de una forma o de otra y actuarán de una forma o de otra.

> **Cada persona percibe la realidad desde su punto de vista y nadie puede saber lo que está viviendo y sintiendo exactamente.**

Para cada persona, todo lo que percibe es cierto, porque es así como lo siente en función de lo que piensa, de lo que ha vivido y recibido.

Por esa razón, hay tantas realidades como personas. Cada persona percibe la realidad desde su punto de vista. Cada persona que encontramos está librando su gran batalla. Cada persona que encontramos está tratando de ser feliz, de seguir adelante, de aprender, de superarse.

Por esa razón, porque nadie puede saber lo que existe dentro de nadie, ¿quién soy yo para juzgar a nadie? ¿Quién soy yo para criticar a nadie? ¿Quién soy yo para adivinar lo que le está sucediendo a otra persona por dentro? ¿Acaso estoy dentro de su cabeza y puedo sentir exactamente lo que la otra persona está sintiendo?

Incluso me voy a ir hasta un extremo que a la mayoría le va a sonar mal. ¿Por qué crees que hay personas sumamente agresivas que llegan a matar? ¿Alguna vez te has preguntado qué puede mover a una persona a cometer semejantes aberraciones? ¿Cómo se debe sentir una persona para llegar a esos límites?

Sé que es muy difícil perdonar y comprender a una persona que practica la violencia. Sin embargo, son personas que necesitan mucho amor, mucha compasión y ayuda de un profesional.

La violencia es una respuesta a la falta de amor. A lo mejor esa persona ha sido maltratada en su infancia o a lo mejor no ha tenido patrones de amor que modelar en su vida. El miedo, el dolor y la falta de amor mal gestionados pueden llevar a una persona a perder el control y a dejar de ser ella misma.

Sólo Dios, el universo, la vida, la quinta dimensión o como lo quieras llamar, tiene acceso a lo que cada persona piensa, percibe y siente.

Nadie tiene el derecho de juzgar a nadie, porque nadie puede estar dentro de otra persona.

Cada persona vive inmersa en su película, en sus circunstancias. Cada persona tiene sus sueños, sus carencias, sus anhelos, sus miedos, sus motivos. Todos estamos aprendiendo, experimentando. Cada uno sigue su proceso.

Esta idea es clave para seguir adelante.

¿Y cómo afecta nuestra forma de pensar a nuestra vida?

DESCUBRE TU PODER

¿QUIÉN ESTÁ AL MANDO? MENTE Y CORAZÓN. PENSAMIENTOS Y EMOCIONES

«LLEGAR A COMPRENDER LA NATURALEZA DE LA MENTE, CÓMO NOS INFLUYE Y DÓNDE RESIDE, NOS OFRECE UNA MAGNÍFICA OPORTUNIDAD PARA DARNOS CUENTA DE NUESTROS VERDADEROS PODERES.»

Bruce H. Lipton

«Cualquier cosa que tú puedes hacer o soñar, empiézalo. ¡La audacia tiene genio, poder y magia en sí misma!»

Johann Wolfgang Von Goethe

Antes de continuar, aclaremos conceptos.

¿QUÉ SON LAS CREENCIAS?

Las creencias son nuestros condicionamientos internos. Aquello que, en algún momento de nuestra vida, nuestra mente ha grabado como si fueran «evidencias que no necesitan ser demostradas», aunque en realidad no sean tales evidencias.

Las creencias son el resultado del aprendizaje de toda nuestra vida. Todo lo que nos ocurre cada día y nuestra forma de reaccionar ante ello (nuestra experiencia) van programando nuestra forma de pensar.

¿QUÉ ES UN PENSAMIENTO?

Un pensamiento es un impulso eléctrico que se genera de forma automática en respuesta a un estímulo externo o interno.

La mente asocia los estímulos externos a una o a varias creencias. Y en función de nuestras creencias se genera un tipo de pensamiento u otro.

¿QUÉ SON LAS EMOCIONES?

La emoción es la respuesta a un pensamiento. Cada pensamiento provoca en nosotros una emoción, un impulso.

¿QUÉ SON LOS SENTIMIENTOS?

Cuando asociamos una emoción a un pensamiento, generamos un sentimiento.

¿QUIÉN DIRIGE NUESTRA NAVE?

La misión de nuestra mente es protegernos. Estamos programados para sobrevivir en la sabana africana. Reaccionamos en décimas de segundo ante cualquier peligro gracias al increíble potencial de nuestra mente subconsciente.

Según los estudios científicos, nuestra mente consciente sólo controla el 5 % de nuestra vida. Lo que resta (95 %) lo dirige nuestra mente subconsciente de forma automática.

En la mente subconsciente se almacenan todas nuestras experiencias, en términos de estímulo-reacción, automatizando comportamientos. El problema es que la mente subconsciente no discierne, sólo almacena. Es el GPS de nuestro comportamiento.

Cada persona, desde su concepción, absorbe todo lo que escucha y observa a su alrededor, y todas esas informaciones quedan grabadas en nuestra mente subconsciente como verdades absolutas. Sobre todo durante nuestros primeros siete años de vida. Los niños absorben patrones de comportamiento en esos años, que inconscientemente van a repetir el resto de sus vidas, a no ser que se paren a revisar qué tipo de comportamientos tienen grabados en el subconsciente.

Durante el resto de nuestra vida vamos reforzando esos patrones que hemos incorporado inconscientemente, con nuestra experiencia, y también vamos incorporando nuevas experiencias.

Por eso es tan importante revisar qué tipo de información y comportamientos hemos grabado en nuestro subconsciente, y sustituir aquellos que nos limitan, que nos hacen daño y que nos impiden comportarnos como nos gustaría realmente ser.

Nuestra mente subconsciente no quiere asumir ningún riesgo. Su misión es protegernos. Se basa sólo en su experiencia conocida. Por ejemplo, si tú de pequeño tuviste una mala experiencia en el mar y tuviste miedo al agua, en tu mente quedará grabado el miedo para que a ti no se te vuelva a ocurrir acercarte al agua.

Si un niño pequeño oye cien mil veces en sus primeros años de vida: «Tú no puedes hacer eso», «No hagas eso», «Te vas a caer», «Niño, no digas tonterías», etc., es probable que a esa persona, cada vez que quiera emprender algo nuevo, su mente le diga: «Tú no puedes hacer eso», «No lo hagas», «Vas a fracasar», «No digas tonterías».

De ahí la importancia de abrir nuestra mente y revisar qué tipo de información tenemos grabada en el subconsciente, muchas veces equivocada, porque en el momento en que la grabamos no éramos capaces de discernir lo que estábamos viendo y escuchando. Y sustituir aquello que nos perjudica, que nos limita o que nos impide ser como realmente nos gustaría ser, y hacer lo que realmente nos gustaría hacer.

También **es importante que seas consciente del enorme poder que ejercen tus palabras sobre las personas que te escuchan, sobre todo si esas personas son niños**. Yo siempre hablo de responsables y no de culpables.

Todos somos responsables de la inmensa influencia que generamos a nuestro alrededor.

Pero no podemos hablar de culpabilidad si partimos de que cada uno da lo que tiene, lo mejor que tiene. Porque **nadie puede dar lo que no tiene**.

Si tú no sabes que estás ejerciendo una influencia muy importante en la vida de los demás, no se te puede llamar culpable, porque lo has hecho sin saber.

Por eso considero que ningún padre es culpable y, al mismo tiempo, que todos son responsables de lo que les transmiten a sus hijos cada día.

Si un padre no le da más amor a su hijo, puede ser que ese padre no haya recibido ese amor y por eso no puede o sabe darlo. Porque nadie puede enseñar algo que no sabe, nadie puede transmitir algo que no ha recibido.

Llegados a ese punto, todos somos responsables de lo que damos y de lo que no damos. Si alguien no te da el amor que tú esperas, no le juzgues, tal vez no sepa cómo hacerlo.

TODO AQUELLO QUE HAS SIDO CAPAZ DE CONSEGUIR CON FACILIDAD EN TU VIDA ES AQUELLO PARA LO QUE FUISTE PROGRAMADO DURANTE TU INFANCIA.

TODO AQUELLO QUE TE CUESTA CONSEGUIR O QUE HASTA AHORA NO HAS CONSEGUIDO ES AQUELLO PARA LO QUE NO FUISTE PROGRAMADO.

¿Qué quiere decir esto? Es muy sencillo. Pongamos un ejemplo. Si cuando eras un niño te educaron con principios como «los ricos son avaros», «el dinero corrompe a las personas», «los ricos explotan a los pobres» o «ganar dinero es muy difícil», por mucho que te esfuerces en tu vida de adulto en ganar mucho dinero y hacerte rico, ganar dinero te resultará realmente difícil.

¿Por qué?, te estarás preguntando. Porque fuiste programado para ello, sin que tú lo supieras e incluso sin que tus padres o educadores fueran conscientes de ello.

La misión de nuestra mente subconsciente es protegernos. Su potencia es mil millones de veces superior a la potencia de la mente consciente.

Tu mente **consciente** procesa aproximadamente unos cuarenta bytes por segundo, mientras que tu mente **subconsciente** procesa del orden de 40 millones de bytes por segundo.

Por esa razón, por mucho que tú pretendas conseguir algo conscientemente, si en tu mente subconsciente hay una contraorden, adivina: ¿quién va a ganar?

«Todo lo que nosotros somos
es el resultado de lo que hemos pensado.»

Buda

Si tú quieres hacerte rico y ser una buena persona, pero en tu mente subconsciente existe un archivo que dice «rico = mala persona», ten por seguro que tu mente no va a permitir que te conviertas en una mala persona.

Por eso, hay personas que, aunque ganan mucho dinero, no consiguen ahorrar nada, porque inconscientemente tratan de gastar todo. Y todo esto es porque su mente quiere protegerlos.

La mente subconsciente no discierne, funciona en automático. Es literal, como un niño de 5 años. Como cuando conduces. Puedes conducir haciendo otras muchas cosas al mismo tiempo, sin prestar apenas atención a la conducción porque ya la has automatizado.

La misión de nuestra mente es protegernos. Estamos programados para sobrevivir en la sabana africana. Reaccionamos en décimas de segundo ante cualquier peligro gracias al increíble potencial de nuestra mente subconsciente.

Ella es la que controla o dirige nuestra vida más de 90 % del tiempo. En ella se almacenan todas nuestras experiencias, en términos de estímulo-reacción, automatizando comportamientos. El problema es que la mente subconsciente no discierne, sólo almacena y al mismo tiempo es el GPS de nuestro comportamiento.

ES HORA DE REPLANTEARSE EL SISTEMA EDUCATIVO

En uno de los proyectos que estoy llevando a cabo, trabajo con chicos de 12 a 15 años que necesitan algún refuerzo. En 90 % de los casos el refuerzo que necesitan es emocional. Son chicos que podrían obtener buenas calificaciones, porque no tienen problemas de comprensión. Simplemente, no quieren y no entienden por qué tienen que ir a la escuela.

A menudo me preguntan por qué tienen que aprender todo eso. Y los comprendo, porque veo que tienen necesidades de gestión emocional mucho más importantes que aprender de memoria un montón de años y nombres de batallas.

Veo que necesitan comprender y ser legitimados. Necesitan que les hagan caso y les expliquen todo aquello que no tiene sentido para ellos. Niños que necesitan modelos y patrones de éxito que imitar.

¿Qué sentido tiene lo que hago? Para cualquier persona es fundamental entender el «¿para qué?». Ésa es la pregunta clave para encontrar la motivación.

Es muy importante educar a los padres y a los educadores para que puedan ser ejemplos y modelos de referencia para los niños.

Si tú como adulto tienes dificultad para gestionar las emociones, para hablar de amor, si dudas de ti, si nunca has revisado tus creencias, es importante que empieces a hacerlo.

Por experiencia puedo decirte que es mucho más sencillo educar a un niño desde pequeño que transformar las creencias de un adulto.

Cuando los padres crean en sí mismos, transmitirán eso a sus niños y esos niños serán los que gestionen el mundo el día de mañana de una forma diferente a como se está gestionando hoy.

Hoy en día veo muchas personas inseguras, que buscan el reconocimiento en los demás y que ven a sus semejantes como rivales, porque en el fondo se sienten amenazados. Creen que les van a quitar lo que es suyo. Cuando en realidad nadie hace sombra a nadie. Nadie te va a quitar lo que es tuyo. Pensar que no hay suficiente riqueza para todos es otra creencia limitante heredada. Porque no todo el mundo quiere las mismas cosas.

Pero de eso hablaremos más adelante.

TODO LO QUE NADIE TE CONTÓ

TODO ES ENERGÍA

«TÚ CREAS TU PROPIO UNIVERSO A MEDIDA QUE AVANZAS.»

Winston Churchill
Primer ministro del Reino Unido

—Y aunque la desarrolláramos para bichos raros como nosotros, ¡nadie quiere comprar una computadora personal! —¿Cómo puede saber la gente que la quiere si ni siquiera la ha visto nunca?

(Conversación mantenida en California en 1974, entre Steve Wozniak y Steve Jobs, cuando a este último se le ocurrió diseñar la primera computadora personal.)

¿CÓMO VA LA GENTE A QUERER TRANSFORMAR SU VIDA SI NI SIQUIERA SABE QUE PUEDE HACERLO?

Mi vida cambió completamente cuando descubrí que en cada uno de nosotros reside un potencial inimaginable para transformar nuestra realidad y alcanzar lo que deseamos.

Todo aquello que tienes y todo aquello que no tienes es fruto de tus creencias, de tu forma de pensar, de aquello para lo que fuiste programado en tus primeros años de vida.

Tu vida no es otra cosa que el reflejo de tu forma de pensar. No tanto a nivel consciente, sino a nivel subconsciente.

¿DÓNDE ESCONDIERON LA FELICIDAD?

En cierta ocasión se reunieron todos los dioses y decidieron crear al hombre y a la mujer; planearon hacerlo a su imagen y semejanza, entonces, uno de ellos dijo: «Esperen, si los vamos a hacer a nuestra imagen y semejanza, van a tener un cuerpo igual al nuestro, fuerza e inteligencia igual a la nuestra, debemos pensar en algo que los diferencie de nosotros, de no ser así, estaremos creando nuevos dioses. Debemos quitarles algo, pero ¿qué les quitamos?».

Después de mucho pensar uno de ellos dijo:

—¡Ya sé!, vamos a quitarles la felicidad, pero el problema va a ser dónde esconderla para que no la encuentren jamás.

—Vamos a esconderla en la cima del monte más alto del mundo —propuso el primero.

A lo que inmediatamente repuso otro:

—¡No! recuerda que les dimos fuerza, alguna vez alguien puede subir y encontrarla, y si la encuentra uno, ya todos sabrán dónde está.

—Escondámosla en un planeta lejano a la Tierra —propuso otro.

Y le dijeron:

—No, recuerda que les dimos inteligencia, y un día alguien va a construir una nave en la que pueda viajar a otros planetas y la va a descubrir, y entonces todos tendrán felicidad y serán iguales a nosotros.

El último de ellos era un dios que había permanecido en silencio, escuchando atentamente cada una de las propuestas de los demás dioses, analizó en silencio cada una de ellas y entonces rompió el silencio y dijo:

—Creo saber dónde ponerla para que realmente nunca la encuentren.

Todos voltearon asombrados y preguntaron al unísono:

—¿Dónde?

—La esconderemos dentro de ellos mismos, estarán tan ocupados buscándola fuera que nunca la encontrarán.

Todos estuvieron de acuerdo. Y desde entonces ha sido así. El hombre se pasa la vida buscando la felicidad sin saber que la lleva dentro de sí mismo.

AUTOR DESCONOCIDO

¿EN QUÉ MOMENTO NOS PERDIMOS?

Nos perdimos en el momento en el que nos desvinculamos de nuestra naturaleza y rompimos la conexión con la divinidad, con nuestra fuente.

Lo veremos con más detalle al final del capítulo. Antes, permíteme que te cuente una serie de ideas y experimentos.

Nuestros mayores errores suelen ser:

1. Dejarnos confundir con lo que perciben nuestros sentidos. Tenemos todos los sensores orientados hacia fuera y sin embargo es dentro de nosotros donde reside nuestro potencial.

2. Dejarnos confundir por nuestra mente. Y pensar que esa grabación es la verdad absoluta. El error es pensar que nuestra mente somos nosotros y olvidar que somos más que nuestra mente.

La vida se genera de dentro afuera, y no al revés. No eres víctima de las circunstancias. Eres creador de circunstancias.

Pero empecemos por el principio.

EL ÁTOMO

¿Qué sucede cuando observas un átomo con un microscopio de alta precisión?

Los científicos confirman que no se ve absolutamente **nada**. Los átomos están formados por energía invisible y no por materia tangible.

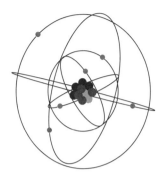

ÁTOMO NEWTONIANO   ÁTOMO CUÁNTICO

En realidad, todo es energía. Tanto lo que ves como lo que no ves.

Cuesta creer que las paredes que ves a tu alrededor pudieran desaparecer ante un microscopio de alta definición. A mí también me cuesta creerlo. El universo cuántico todavía me parece una locura. Lo ves y no lo ves. Sin embargo, aceptarlo y comprenderlo son dos cosas distintas. Negar su existencia es no aceptarla. Comprenderla y descubrir sus misterios sigue siendo un reto.

Los físicos cuánticos descubrieron que los átomos físicos están compuestos por vórtices de energía que giran y vibran de forma constante. Cada átomo irradia una energía característica. Y, por tanto, cada agrupación de átomos irradia una energía específica. Cada estructura material en el universo, incluidos tú, tu ropa y todas tus cosas, irradia un sello de energía único y característico.

Ya lo dijo Einstein, que materia y energía son una misma cosa.

$$E = mc^2$$

La energía *(E)* es igual a la masa *(m)* multiplicada por la velocidad de la luz *(c)* al cuadrado.

Según esto, todo en el universo está vibrando, todo es energía, todo emite una frecuencia vibracional característica. Incluidos tú y yo.

La primera vez que me dijeron que las personas creamos nuestra propia realidad fue en la consulta del que años atrás había sido mi psicólogo, Pedro Santamaría Pozo. Uno de los mejores psicólogos que he conocido, un fuera de serie en psicología clínica, de gran reputación a nivel nacional.

Cuando dio por concluido el tratamiento, me propuso seguir trabajando conmigo como entrenador, es decir, como *coach*. Yo cada vez estaba más interesada en saber cómo funcionaba la mente a nivel neurológico y entender por qué las personas nos comportábamos de una manera o de otra.

Él fue el primer entrenador de la mente que yo tuve y, en definitiva, el que empezó a formarme como arquitecta de emociones. Nuestras sesiones mensuales se fueron convirtiendo en una especie de conversaciones sobre neurociencia, psicología y experiencia.

Por aquel entonces yo estaba viviendo una historia preciosa de amor a distancia. Era de película.

Un día, hablándole de esta historia me dijo:

—Esto lo has creado tú.

—¿Cómo dices? ¿A qué te refieres? —le pregunté atónita.

—Sí, que tú has atraído a esta persona a tu vida.

—¿Cómo es eso posible si vivimos a más de mil ochocientos kilómetros de distancia?

Nos habíamos conocido a través de una página para practicar idiomas.

Sus palabras me dejaron de piedra. No esperaba que precisamente él, un profesional de la psicología clínica, riguroso, serio y reconocido, me dijera eso. Lo más sorprendente de todo fue que una parte de mí intuía que eso era posible.

Ese día me habló de un experimento que habían realizado en el Instituto HeartMath de California. Fue la primera vez que oí hablar de esa organización, de los campos de energía a nivel científico y de la capacidad del ser humano de atraer a su vida lo que busca (más adelante, en este capítulo, explico en qué consistió ese experimento).

Por todo lo que me estaba sucediendo, yo cada día estaba más convencida de que debía haber alguna explicación. En muy pocos meses me habían sucedido cosas muy buenas. Casi todo lo que deseaba se cumplía. A nivel de pareja y a nivel económico.

Yo estaba sorprendida porque estaba recibiendo mucho más de lo que esperaba. He de decir que, en esa época de mi vida, yo todavía era muy escéptica. No sabía nada de todo esto. Por eso me chocó tanto esa conversación. Tanto que abrió una nueva posibilidad en mi mente. Años más tarde lo entendí.

Yo había atraído a ese chico a mi vida. Algo me decía que lo iba a encontrar, independientemente de dónde estuviera. Es más, yo quería conocer a alguien que viviera en Centroeuropa. Y allí estaba él.

Él también me buscaba a mí. Y, de hecho, al poco tiempo de conocernos, me contó que estaba leyendo un libro en el que los protagonistas se conocían a través de Internet, como nosotros. Lo más gracioso de todo es que la historia del libro que estaba leyendo era muy parecida a la que estábamos viviendo nosotros. Era increíblemente parecida.

Ahora sé que, inconscientemente, él estaba atrayendo lo que estaba leyendo. Y ahí aparecí yo.

«Vibraciones similares vibran juntas y se atraen», me enseñó Laín. Los dos deseábamos lo mismo y la prueba fue que mil ochocientos kilómetros de distancia no supusieron ninguna barrera para que nosotros nos conociéramos.

Ente los años 1993 y 2000 se realizaron varios experimentos en instituciones académicas que, según Gregg Braden, sacudieron las bases fundamentales de todo lo que creíamos saber sobre la física y el funcionamiento del mundo. Esos experimentos sugieren que estamos conectados a través de un campo de energía.

Gregg Braden es actualmente uno de los primeros científicos «cuánticos» en fusionar y unir la «ciencia» con la «espiritualidad». Gregg Braden trabajó como experto en geología computacional durante años para compañías como Phillips Petroleum o Cisco Systems, desarrollando una sólida carrera como científico y experto en informática, hasta que se dio cuenta de cómo **antiguas tradiciones y nuevos descubrimientos científicos van inequívocamente encaminados hacia un mismo destino.**

En su documental *La ciencia de los milagros* habla sobre estos experimentos.

El primer experimento fue llevado a cabo por el físico cuántico ruso Vladimir Poponin a comienzos de los años noventa, en Estados Unidos.

Poponin quería investigar la relación entre el ADN humano y los fotones. El experimento consistía en vaciar completamente un tubo de vidrio sacando todo el aire y creando un vacío en él.

Sin embargo, se sabe que pueden quedar dentro pequeñas partículas de luz (fotones).

Poponin midió la distribución de los fotones dentro del tubo y el resultado no presentó sorpresas: los fotones estaban distribuidos de forma aleatoria dentro del tubo, como era de esperar.

Lo sorprendente sucedió en la segunda fase del experimento. Cuando introdujeron un trozo de ADN (células) en el recipiente y volvieron a medir la distribución de los fotones, éstos aparecieron alineados con la cadena de ADN. ¡El ADN tenía efecto sobre las partículas que componen nuestro mundo!

En el siguiente paso del experimento el resultado fue aún más sorprendente. Retiraron el trozo de ADN que habían introducido en el tubo y volvieron a medir la distribución de los fotones. Esperaban que al retirar el ADN los fotones volvieran a distribuirse aleatoriamente. Sin embargo, lo que vieron fue algo muy distinto. Los fotones permanecían alineados, aunque el ADN ya no estuviera allí.

¿Cómo podía ser eso posible? Nada de la física clásica podía explicar ese comportamiento. A este experimento lo llamaron «ADN fantasma».

Lo que nos dice este experimento es que nuestro ADN se comunica con el entorno, con las partículas que conforman nuestro mundo. Y que nuestro ADN es capaz de transformar esas partículas que conforman nuestro mundo.

El segundo experimento fue llevado a cabo con militares. Tomaron ADN humano de un trocito de piel de la boca de varios donantes voluntarios. Esas muestras de ADN se colocaron en una habitación equipada con un dispositivo de medición que les permitiese determinar los cambios eléctricos que experimentaran las muestras.

Por otro lado, se llevaron a los donantes a otra habitación del edificio y los sometieron a estímulos emocionales. Es decir, en una sala tenían el ADN de los donantes y en otra sala del mismo edificio a los donantes. Expusieron a los donantes a diferentes estímulos emocionales por medio de videos que generaran distintas emociones: alegría, tristeza, miedo, enfado, rabia, etcétera.

Ambos, ADN y donantes, fueron monitorizados. Y observaron que, cuando el donante mostraba sus altos y sus bajos emocionales (medidos en ondas eléctricas), el ADN registraba respuestas idénticas al mismo tiempo.

Los altos y los bajos del ADN coincidieron exactamente con los altos y los bajos del donante.

Este experimento se realizó por primera vez con una separación de veinte metros entre ambas habitaciones. El mismo experimento lo repitieron alejando a los donantes de las muestras. Los militares querían saber cuán lejos podían separar al donante de su ADN y continuar observando ese efecto. Ellos pararon de hacer pruebas al llegar a una separación de ochenta kilómetros entre el ADN y su donante, y continuaron teniendo el mismo resultado. Sin lapso ni retraso de transmisión.

Según la física clásica, no hay nada que conecte este ADN con el donante, pero el resultado de este experimento fue exactamente el contrario. Lo que observaron fue que, mientras el donante registraba los picos emocionales en una habitación, el ADN registraba los mismos valores en la otra habitación exactamente al mismo tiempo.

En este experimento comprobaron que la energía era no local, porque actuaba simultáneamente en un sitio y en otro sin desfase temporal. Existe en todas partes y todo el tiempo.

También se comprobó que nuestro ADN está conectado a nuestras emociones independientemente de que se encuentre dentro o fuera de nosotros. Las células vivas se reconocen por una forma de energía desconocida con anterioridad.

El tercer experimento fue realizado por el Instituto Heart-Math, de California. Ellos analizaron el corazón humano como

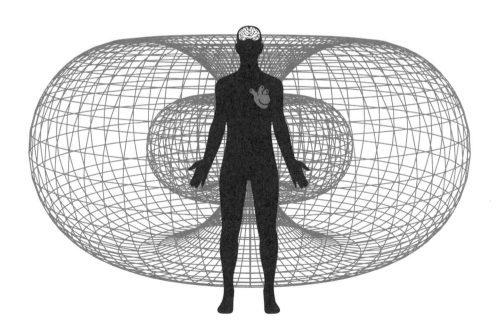

algo más que un simple órgano que bombea sangre a todo nuestro cuerpo.

Ellos descubrieron que nuestro corazón es el órgano más magnético de nuestro cuerpo y uno de los órganos que más electricidad genera. El campo electromagnético que produce se extiende más allá del cuerpo físico.

Anteriormente habían descubierto que alrededor del corazón humano hay un campo energético con forma de toroide, que se extiende entre 1.5 metros y 2.5 metros fuera del corazón humano.

En este experimento se tomó el ADN de una placenta humana (la forma más prístina de ADN) y se colocó en un recipiente donde se podían medir sus cambios. Se distribuyeron veintiocho muestras en tubos de ensayo a un mismo número de investigadores previamente entrenados. Cada investigador había sido entrenado para generar y **sentir** fuertes emociones.

Lo que se descubrió fue que **el ADN cambió de forma** de acuerdo a los sentimientos de los investigadores.

1. Cuando los investigadores sintieron gratitud, amor y aprecio, el ADN respondió **relajándose** y expandiéndose. El ADN se hizo más largo. Y por lo que sabemos por otros experimentos, cuando el ADN se relaja y se extiende, fortalece el sistema inmunológico. Porque al relajarse permite que se activen más secciones de nuestro ADN, como si fueran interruptores.

2. Por el contrario, cuando los investigadores **sintieron** rabia, miedo o estrés, el ADN respondió comprimiéndose. Se hizo más corto, no permitiendo que esos interruptores se activaran. **Apagó** muchos de los códigos.

Hoy se sabe que, cuando las personas experimentan ira o temor, se debilitan ciertas zonas del cuerpo.

¿Alguna vez has sido consciente de que después de una discusión, de haber estado estresado mucho tiempo o simplemente disgustado, te sientes sin fuerzas, como si te hubieras descargado?

Y, por el contrario, cuando estás contento, motivado o feliz, estás lleno de energía y de vitalidad. Ahora ya sabes por qué.

Este experimento nos demuestra la capacidad y el poder de nuestras emociones y sentimientos para transformar nuestro ADN. ¿Eres consciente de lo que esto significa?

Significa que podemos reforzar nuestro sistema inmunológico eligiendo nuestras emociones y que tenemos el poder de transformar nuestro ADN enfocándonos en determinados estados emocionales.

Si reunimos los resultados de estos tres experimentos, podemos deducir que todos tenemos un poder que no está sujeto a las leyes físicas, sino que nuestras emociones, pensamientos, creencias y plegarias trascienden los límites del espacio y el tiempo tal como los conocemos hoy.

MÁS EXPERIMENTOS ASOMBROSOS

En el año de 1972 se realizó un experimento para probar el poder de la intención y comprobar lo que sucede cuando aunamos nuestros sentimientos. En este experimento participaron cien personas, pertenecientes a veinticuatro ciudades de Estados Unidos de unos diez mil habitantes aproximadamente.

El experimento consistió en «entrenar» a cien personas en técnicas de meditación para que, durante un tiempo, experimentaran una sensación de paz.

Fue llamado «el efecto *maharishi*», en honor del *maharishi* Mahesh Yogi, quien dijo que, con que tan sólo 1 % de la población de algún lugar practicara su forma de meditar, habría una reducción en índices de criminalidad y violencia.

El experimento fue un éxito. Durante el tiempo que duró la meditación lo que ocurrió fue que en esas ciudades comenzó a registrarse un descenso en los índices de criminalidad, violencia y accidentes de tráfico. En algunas ciudades como Chicago, el mercado de acciones subió mientras estas personas realizaban el experimento.

Y en el momento que el experimento se detuvo, todas estas estadísticas se revirtieron.

Años más tarde se repitió este experimento en una escala mayor y fue registrado en el *Journal Conflict Resolution* en 1988. Y fue conocido como Proyecto Internacional de Paz en Medio Oriente.

En esta ocasión, el experimento se realizó durante el conflicto líbano-israelí a finales de los años ochenta. A diferencia del experimento realizado en Estados Unidos, los participantes fueron entrenados para sentir paz en todos los niveles de sus vidas (cuerpo, mente, emoción, energía/espíritu).

Ya entrenados, se los posicionaba, en días y horas específicas del mes, en puntos álgidos de las zonas de conflicto.

Mientras estas personas evocaban ese sentimiento de paz, las actividades terroristas bajaban a cero, los crímenes contra otras personas bajaban, la actividad en los hospitales de emergencia bajaba.

Los resultados fueron asombrosos. El porqué lo desconocían. Pero comprobaron que cuando un determinado número de personas sienten paz, el efecto se desplaza más allá de su cuerpo y del lugar físico donde se encuentran esas personas.

El estudio fue tan preciso que pudieron determinar el número de personas que se requiere para que este efecto se ponga en movimiento.

La cantidad mínima de personas para que este efecto se note es la raíz cuadrada del 1 % del total de la comunidad. Es decir, para una ciudad de un millón de habitantes, bastarían cien personas para generar ese efecto.

Para una población mundial de 7,200,000,000 personas, bastarían 8,486 personas sintiendo paz en sus corazones para generar ese movimiento que conecta la conciencia con el campo de energía universal. Para que así, a través de este campo, se sienta la paz en todo el mundo.

MASARU EMOTO Y LOS MENSAJES EN EL AGUA

Masaru Emoto es un científico japonés, presidente del Instituto IHM de Tokio, mundialmente conocido por sus experimentos y su libro *Mensajes del agua*.

En 1994, Masaru realizó experimentos congelando moléculas de agua provenientes de distintas fuentes. Expuso dichas muestras de agua congelada a pensamientos, palabras y distintos tipos de música, y fotografió cómo la estructura molecular del agua cambiaba en función de los pensamientos o de la música a la que estaba expuesta.

Congelaba las muestras de agua a –25 grados centígrados. No todas las aguas analizadas formaban cristales al
congelarse. Por ejemplo, el agua de la llave de Tokio no
formaba cristales. En cambio, las muestras tomadas en un
arroyo del monte Fuji cristalizaban formando hermosos
cristales de hielo.

Una vez congeladas las muestras, exponía cada una a
un tipo de música diferente. Las fotografiaba a –5 grados centígrados. Hizo experimentos con muchos tipos de
música. Y observó que cada muestra cristalizaba de una
forma diferente.

En otra fase del experimento, pidió a una serie de voluntarios que dirigieran un tipo de pensamiento hacia cada
muestra. Expuso las muestras a sentimientos de amor,
paz, gratitud, ira, odio, enojo, rechazo, y cada muestra
adoptó una estructura diferente.

Las muestras que habían sido expuestas a pensamientos provenientes del amor formaron preciosos cristales. En cambio, las expuestas a emociones relacionadas con el odio no llegaron a cristalizar, sino que formaron estructuras caóticas y desordenadas.

Gracias a este experimento se comprobó cómo los pensamientos afectan a la estructura molecular y por tanto a la materia. Es decir, tenemos la capacidad de transformar el mundo con nuestras ideas, emociones y sentimientos.

REFLEXIONES SOBRE LOS EXPERIMENTOS

Cada persona está constantemente emitiendo una vibración característica. Nuestro cerebro y sobre todo nuestro corazón están constantemente emitiendo ondas electromagnéticas, cuya vibración y frecuencia varía en función de la calidad de nuestros pensamientos y nuestras emociones.

En función del nivel de la vibración de las ondas que emitamos, transformaremos nuestro entorno de una forma o de otra y recibiremos de vuelta unas respuestas u otras.

Tal y como hemos visto a lo largo de estos experimentos, no sólo transformamos el mundo con nuestras acciones, sino también con nuestros pensamientos, emociones y sentimientos.

Todos somos cocreadores del mundo en el que vivimos. Somos mucho más que simples pasajeros, somos también creadores y transformadores.

¿Estás preparado para aceptar tu poder? Para eso es necesario primero asumir tu responsabilidad.

En la medida en que asumes tu responsabilidad, empiezas a conectar con tu poder. Si asumes la responsabilidad completa sobre tu vida, nadie tendrá poder sobre ti.

Pero mientras culpes a las circunstancias o a los demás de lo que hoy tienes en tu vida, no podrás disfrutar y ejercer tu poder. Porque, mientras asumes el papel de víctima, estás rehusando tu poder.

Responsabilidad y no culpabilidad.

Aquí todos somos inocentes y todos somos responsables. No eres culpable de no saber controlar lo que generas en tu vida. Ni siquiera los más entrenados son capaces de controlar el potencial de su mente todo el tiempo. Pero eso no significa que no seamos responsables.

No todo el mundo está preparado para asumir esta responsabilidad. Todo dependerá de lo arraigadas que estén sus creencias para permitir aceptar el cambio.

¿CÓMO ATRAEMOS O CÓMO CREAMOS?

Creamos a través del amor y del miedo. Ésas son las dos fuerzas creadoras. Como veremos más adelante, son los dos extremos de la misma fuerza.

El miedo, el odio, la queja son la ausencia del amor, de la gratitud.

El amor es la fuerza más potente y creadora, es el origen de todo.

Su vibración es muy alta. La energía que emite nuestro corazón cuando amamos es muy alta.

Cuando amamos o sentimos gratitud, emitimos una vibración muy alta y eso hace que atraigamos a nuestra vida situaciones, cosas y personas con una vibración muy alta. Semejante a la que estamos emitiendo.

En cambio, cuando estamos tristes, enojados o sentimos miedo, la energía que emitimos es muy bajita. Y sin pretenderlo, atraerá a nuestra vida situaciones, cosas o personas que vibren en esa misma frecuencia.

Todo el tiempo de nuestra vida estamos atrayendo hacia nosotros lo que amamos y lo que tememos. Eso lo puedes comprobar tú mismo echando un vistazo hacia tu pasado.

¿Por qué todas las cosas buenas vienen juntas?

¿O por qué a veces se dice que a perro flaco se le cargan las pulgas?

Porque cuando nos dejamos arrastrar por una emoción, ya sea de amor o de miedo, y permanecemos en ella, acabamos atrayendo más de lo mismo.

Cuando te sientes feliz, amado, agradecido, realizado, y parece que todo en tu vida es perfecto, atraes más cosas semejantes a tu vida.

Y también cuando alguien se está quejando constantemente, cree que todo lo malo le pasa a él, piensa que la vida no es justa, etc., acaba atrayendo más experiencias del mismo tipo a su vida.

Igualmente, cuando estás convencido de que algo va a suceder y lo sientes como si ya fuera real, acaba sucediendo, tanto si es bueno como si es malo.

Lo mejor de todo es que la vibración del miedo es tan bajita que atrae mucho más despacio. Y, en cambio, la vibración del amor es mucho más potente y atrae mucho más deprisa.

Y, en cualquier caso, todo se puede modificar. Hace muchos años alguien me puso un ejemplo muy gráfico: «La situación siempre puede dar la vuelta».

No importa lo que hayas atraído a tu vida hasta ahora. Lo maravilloso es que, a partir de ahora, tú puedes cambiar tu actitud frente a la vida, tu forma de ver las cosas, y eso cambiará tu forma de pensar y de sentir, y te permitirá atraer a tu vida lo que tú quieras.

Tú puedes cambiar el curso de la historia en cualquier momento. La vida está en constante cambio. A partir de ahora, tú tienes el poder de cambiar tu vida.

Tú tienes el poder de elegir el enfoque con el que ves tu vida, **tú** puedes elegir las emociones en las que te enfocas. **Tú siempre puedes elegir cómo ver todo lo que te sucede.**

Tú siempre puedes elegir las **palabras** y el **lenguaje** que utilizas. **Tú** siempre tienes la capacidad de poner el foco en el amor. **Tú** siempre tienes la capacidad de cambiar. Recuerda que tu mente es enormemente plástica y tus emociones te dan el poder de crear tu vida en cada momento.

Y lo más importante de todo es que hoy en día tú puedes cambiar tus creencias limitantes por otras que te potencien y te permitan alcanzar de forma mucho más sencilla lo que anhelas. Para eso hago seminarios en los que trabajo con las personas el empoderamiento, el creer en uno mismo y la reprogramación de creencias.

«Todo lo que usted vívidamente imagine, ardientemente desee, sinceramente crea y con entusiasmo emprenda inevitablemente le sucederá.»

Paul Meyer

Eso es lo más grande de todo. Descubrir que tienes el poder de atraer a tu vida lo que anheles, tus sueños y todo lo que tú quieras vivir a partir de ahora.

ESO ES LO MÁS GRANDE DE TODO. DESCUBRIR QUE TIENES EL PODER DE ATRAER A TU VIDA LO QUE ANHELES, TUS SUEÑOS Y TODO LO QUE TÚ QUIERAS VIVIR A PARTIR DE AHORA.

«La verdad os hará libres.»
Juan 8, 32

Porque cuando descubres la **verdad**, que Dios nos hizo a imagen y semejanza, descubres que a ti también te dio el poder de crear tu vida. Te dio el poder de transformar tu vida, de convertirte en quien has venido a ser y hacer lo que has venido a hacer.

Al principio, yo pensaba «no puede ser para tanto». En realidad, lo que pasaba es que no quería asumir que yo era la responsable de todo lo que había atraído a mi vida. Pero una vez que asumí la responsabilidad, descubrí también el potencial que se me ha concedido.

Laín García Calvo explica muy bien la ley de la atracción y las leyes universales en sus libros *La voz de tu alma y Cómo atraer el dinero*. El primero de éstos fue mi libro de cabecera durante mi despertar (de conciencia) y el que me guio durante mi proceso de cambio. Luego leí muchos más libros sobre las leyes universales, pero éste sigue siendo para mí el que mejor las explica y el libro que más me inspiró para escribir *Cree en ti*.

También puedes encontrar más información sobre la ley de la atracción en el documental *El secreto*.

Con el tiempo y la experiencia comprendí que efectivamente la ley de la atracción funciona todo el tiempo. Es como la ley de la gravedad. Si no funcionara todo el tiempo, no sería una ley.

Entonces, **¿por qué a veces parece que no funciona?**

¿Recuerdas lo que te he explicado antes sobre la mente consciente y subconsciente?

No basta con que tú desees algo a nivel consciente. Lo que tú desees tiene que ser apoyado por tu mente subconsciente. O, mejor dicho, basta con que no haya ninguna contraorden en tu mente subconsciente. Todo esto lo explico más adelante.

MÁS DATOS CIENTÍFICOS PARA TU MENTE

En una entrevista, Howard Martin, vicepresidente del HeartMath Institute (California), nos explica que el corazón tiene un sistema nervioso muy complejo. Nos aclara que existen unas cuarenta mil neuronas en el corazón.

Howard nos explica que la inteligencia emocional es mucho más rápida que la del cerebro, de alta velocidad y de naturaleza intuitiva. Nos da las decisiones que necesitamos para avanzar en la vida, es algo innato a nosotros. Siempre está ahí.

Hoy sabemos que el corazón hace más que simplemente bombear sangre. Manda unas órdenes poderosas de sanación al cerebro y al resto del cuerpo. También cambia la onda de la presión sanguínea, produce hormonas y genera una comunicación electromagnética. De manera que hoy sabemos que está contribuyendo a nuestro bienestar.

Podríamos entender el corazón como un centro de control principal, que va mandando señales al resto del cuerpo.

Hoy sabemos que la función cerebral depende mucho de las señales que manda el corazón. El corazón no sólo cumple con una función biológica.

El corazón es un órgano eléctrico y en concreto el que más electricidad produce de nuestro cuerpo. Genera un campo de energía electromagnético que se puede medir. Esta energía manda señales a todas las células de nuestro cuerpo, pero es tan fuerte que va más allá de nuestra piel y se proyecta hacia el espacio.

Crea un campo electromagnético que envuelve nuestro cuerpo en trescientos sesenta grados con forma de toroide, que se extiende entre 1.5 metros y 2.5 metros fuera del corazón humano. Este campo cambia en función de nuestras emociones. Cuando sentimos frustración o rabia, vemos señales procedentes del corazón muy caóticas. Si en cambio sentimos emociones como la compasión, el amor, el cuidado o la gratitud, vemos un campo distinto, más armonioso y coherente (ondas más amplias y regulares).

Pero sabemos que también hay campos no locales que van más allá de ese metro y medio alrededor de nuestro cuerpo, mucho más grandes. El corazón se comunica de una manera no local y no lineal. Pero estos grandes campos aún no se han medido.

La medición del campo generado por el corazón se realiza mediante un proceso científico denominado «espectroanálisis de las frecuencias del campo electromagnético», donde se ve la energía y cómo cambia.

Cuando experimentamos emociones positivas como la gratitud, se crea una comunicación armoniosa entre el corazón, el cerebro y el resto del cuerpo que fomenta la claridad de ideas, nuestra capacidad para tomar decisiones o nuestra efectividad.

Sin embargo, cuando enviamos una señal incoherente o caótica, tiene impacto en algunos centros del cerebro e impide que pensemos con claridad.

Cuando aprendemos a gestionar las señales que emitimos y a transformar las señales caóticas en coherentes, se empiezan a abrir los centros de percepción del cerebro y aumenta nuestra capacidad para percibir lo que nos rodea y lo que sucede. Nos volvemos más sensibles con respecto a los demás y más autoconscientes de lo que sentimos y pensamos.

Esto nos permite posicionarnos como espectadores de lo que sentimos y pensamos, sin juzgar a los demás ni a nosotros mismos, eligiendo el enfoque y las emociones que nos hagan sentir bien.

Cuando alguien te dice algo que no te gusta, puedes llegar a sentir rabia, frustración, celos, etc. El estrés se manifiesta en emociones fuertes y negativas.

Sin embargo, cuando tenemos el corazón y la mente alineados, el estrés que se genera es menor, porque tenemos la capacidad de gestionar mejor nuestras emociones. Y eso es calidad de vida.

No se trata sólo de gestionar las emociones para reducir los niveles de estrés. Se trata también de la energía que se libera en esas emociones y de su poder para sanar o para deteriorar nuestra salud. Y de la capacidad para transformar no sólo nuestra biología, sino también el mundo que nos rodea.

¿Eres consciente de la energía que empleas y con quién la empleas?

Las discusiones, perder los nervios, actuar sin pensarlo, estar expuestos a ambientes negativos, escuchar quejas constantemente, estar pendientes de lo que no tenemos, esperar que las personas cambien, etc., todo eso supone una pérdida de energía enorme para nuestro cuerpo que nos debilita en todos los sentidos, emocional y físicamente.

Conecta con tu energía interior, con aquello que realmente te motiva, con lo que amas, con lo que te hace vibrar, habla con un gran amigo, ríete a carcajadas, haz ejercicio físico a diario, escucha la música que te haga sentir bien, lee un libro que te haga crecer, abraza, besa, cárgate y ¡disfruta!, y cada una de las células de tu cuerpo te lo agradecerá.

Aléjate de todo aquello que te apaga, de aquellos que no aprecian lo que tú les ofreces. Elige inteligentemente dónde te metes, a quién escuchar, a quién contarle las cosas. Disfruta intensamente de lo que hoy tienes en tu vida y muestra gratitud por todo lo que estás viviendo hoy. Porque el día de hoy no se volverá a repetir.

Constantemente estamos conectados con otras personas, nos relacionamos y coactuamos todo el tiempo sin ser conscientes. Y sin querer aportamos nuestro granito de arena a lo que sucede en el mundo en cada momento.

Cada día generamos y consumimos energía para poder vivir. Pero, si no la gestionamos bien, nos quedaremos sin ella para lo que realmente nos importa.

Vivir sin **ser conscientes** de la **energía** que **perdemos** es como **tener la calefacción de tu casa funcionando a pleno rendimiento en pleno invierno con las ventanas abiertas**.

CONECTANDO CIENCIA Y SABIDURÍA ANCESTRAL

Desde mi punto de vista, lo más increíble del momento que estamos viviendo es el encuentro que empieza a producirse entre la ciencia y la sabiduría ancestral.

Gracias a todo lo que está descubriendo la ciencia y a Internet, la velocidad de difusión de toda esta información está permitiendo que estos conocimientos cada vez estén al alcance de más personas y que la conciencia de la sociedad, poco a poco, vaya despertando.

Tal y como hemos visto en los experimentos que he explicado antes, centrarnos en ciertos estados emocionales nos da el poder para modificar el funcionamiento del ADN en nuestro cuerpo.

Los experimentos nos muestran que...
1. Nuestro ADN tiene un efecto directo en nuestro mundo.
2. Las emociones humanas tienen la habilidad de cambiar nuestro ADN, produciendo un efecto en el mundo que nos rodea.
3. Da igual que estemos en el mismo edificio o a setecientos kilómetros, los resultados son los mismos. No estamos atados ni por el tiempo ni por el espacio.

Estos experimentos nos dicen que tú y yo tenemos un poder que no está atado a las leyes de la física en el modo en el que las entendemos hoy en día, sino que nuestras emociones, pensamientos, creencias y oraciones trascienden los límites del tiempo y del espacio, tal y como los conocemos en la actualidad.

Según las tradiciones ancestrales, estamos conectados al mundo que nos rodea tal y como lo está demostrando la ciencia actualmente.

Gregg Braden lo explica muy bien en su documental *La ciencia de los milagros*. Nuestros ancestros estaban un paso adelante y nos dejaron pistas. Nos dejaron instrucciones muy claras de cómo podemos utilizar este poder para cambiar el mundo, para sanar nuestro cuerpo y atraer la paz tanto para nosotros como para todos los que nos rodean.

Tal y como hemos visto antes en los experimentos que se hicieron en Estados Unidos y en Oriente Medio, cuantas más personas asimilen estos principios, más fácilmente se extenderá la paz a todas las naciones.

La pregunta es: si existe esta relación, ¿por qué no es de conocimiento público hoy día?, ¿por qué la ciencia no comprendía estos principios?, ¿por qué hasta hace pocos años no hemos empezado a descubrirlos?

La cadena de conocimiento con nuestros antepasados hasta llegar a nosotros se ha roto al menos en dos momentos de la historia.

Hubo dos momentos en los últimos dos mil cien años en los que perdimos la información del conocimiento antiguo. Y parte de ese conocimiento tiene que ver con lo que se trata en este libro.

La primera vez que se interrumpió la cadena fue con la quema de la Gran Biblioteca de Alejandría en el siglo I a. C. Aunque no tenemos la certeza de lo que había exactamente dentro de la biblioteca, sabemos que historiadores romanos catalogaron miles de volúmenes y rollos.

El historiador Calamatro, por ejemplo, catalogó más de 536,000 rollos en la Gran Biblioteca de Alejandría. Y muchos de ellos eran ya muy antiguos para esa época (estamos hablando del siglo IV a. C.).

Y se sabe que había rollos que contenían las más antiguas tradiciones hebreas, el conocimiento astronómico de los egipcios, conocimientos médicos y mucha más información de miles de años de antigüedad, que describían las relaciones humanas con el mundo y tal vez con algo aún más grande.

El segundo acontecimiento fue la edición de los primeros textos bíblicos alrededor del año 325 d. C.

Por aquel entonces no había un texto bíblico compilado como hoy en día. Había varios textos y muy pocas personas tenían acceso a ellos. Así que Constantino I hizo un esfuerzo por hacerlos más accesibles al público en general.

Por esa razón, se organiza un concilio y se piden recomendaciones para ver qué libros se mantenían y cuáles se sacaban de la Biblia. Y el resultado de ello es la Biblia que hoy tenemos.

Actualmente se sabe que hay más de veinte libros que fueron retirados por completo, los cuales tenían una edición perfecta. Y los textos que permanecieron en la Biblia fueron modificados para quedar tal y como los conocemos.

Esto se sabe porque se encontraron esos documentos, tales como los libros del Qumrán, hallados en el mar Muerto en 1947. Cuando se encontraron los rollos del mar Muerto, se pudo ver que fueron escritos entre los años 150 a. C. y 70 d. C.

¿Por qué hablo de todo esto? Les traigo esta información porque muchos de estos textos describen nuestra relación con el universo y la creación de nuestro mundo a través del poder de nuestras emociones.

Y todo aquello que sea beneficioso para el ser humano, para su salud, sus relaciones y su crecimiento debe ser divulgado.

Estos textos describen todo lo que está descubriendo la ciencia más de dos mil años después. El ser humano tiene el potencial de transformar su realidad a través de sus pensamientos y sus emociones.

El ser humano tiene la capacidad de realizar obras extraordinarias cuando conecta con Dios, con su fuente creadora, a través de sus emociones, de la oración o la meditación.

SISTEMAS BINARIOS

AMOR Y MIEDO

«EN UN CORAZÓN LLENO DE GRATITUD NO QUEDA ESPACIO PARA EL MIEDO.»

Mario Alonso Puig

Médico, cirujano y conferenciante

La gratitud es una forma de expresar amor. Por eso, cuando tú te sientes completamente agradecido por lo que se te ha dado, por lo que has vivido y por el momento que estás viviendo, no dejas ningún espacio al miedo.

Te animo a que lo compruebes. Hay una diferencia abismal de vivir con miedo y con la cabeza llena de preocupaciones a vivir desde la gratitud, agradeciendo todo lo que recibes. Hay un mundo. Dicen que Albert Einstein daba las gracias más de cien veces al día.

La mente no entiende la negación porque en el fondo la negación es la ausencia de la afirmación. Al igual que la oscuridad es la ausencia de la luz. Por esa razón, cuando a la mente le das una orden negativa, no la entiende, se queda con la frase tal cual sin la negación.

Por eso, cuando alguien te dice «no pienses en un coche rojo», tú piensas en un coche rojo. No entiende la negación. Por eso, la mejor forma de evitar un pensamiento que nos está perjudicando es dirigir la atención hacia otra cosa.

Uno de los pequeños hábitos que marcó una gran diferencia en mi vida fue precisamente la gratitud. Cuando empecé a practicar la gratitud a diario, noté el cambio en ese preciso momento.

En ningún sistema pueden coexistir dos órdenes contradictorias al mismo tiempo. **No** puedes **amar** y **odiar** a la misma persona al mismo tiempo. Algo no puede estar seco y mojado al mismo tiempo. Un GPS no te puede dirigir a dos sitios diferentes al mismo tiempo. No puede ser de día y de noche en el mismo sitio al mismo tiempo. El agua no puede ser vapor y hielo a la misma temperatura. No puedes sentir celos y confianza al mismo tiempo. No puede haber luz y oscuridad al mismo tiempo.

Ahora imagina una computadora, un GPS o cualquier programa informático. No puedes ejecutar una orden si existe una orden contradictoria.

Todo en este mundo responde a una dualidad. Todo tiene dos extremos. En el fondo, el **amor** y el **odio** son los dos polos de un mismo sentimiento. En realidad existe sólo el amor, el odio es sólo una ausencia de amor. Por esa razón no se puede sentir nada de amor y mucho amor al mismo tiempo.

Todo sentimiento, toda sensación, tiene su opuesto, que en realidad son los dos extremos de la misma cosa.

La **tristeza** es la ausencia de la **alegría**. La **ira** es la ausencia de la **paz**. El **valor** es la ausencia del **miedo**. La **queja** es la ausencia de la **gratitud**. La **pobreza** es la ausencia de la **riqueza**. La **intolerancia** es la ausencia de la **tolerancia**. El **enojo** es la ausencia de la **comprensión**. El **sufrimiento** es la ausencia de la **aceptación**.

Por eso, cuando nos situamos en un extremo corremos el riesgo de pasarnos al otro extremo. Porque los extremos se tocan.

Por eso a veces pasa que cuando el amor se convierte en obsesión y dependencia emocional, ya no es amor. Es miedo que puede convertirse en odio en un abrir y cerrar de ojos.

Lo mismo sucede cuando entras en estado de euforia, si no lo sabes gestionar, puedes pasarte al extremo de la tristeza casi sin darte cuenta.

De ahí la importancia de aprender a gestionar los estados de ánimo. Cuando excedes el nivel de importancia de lo que te sucede, te estás acercando a los extremos. Porque estás dando a algo más importancia de la que realmente tiene. Eso sucede tanto en lo bueno como en lo malo.

La vida siempre tiende a buscar el equilibrio. Por eso, si tú te aproximas a un extremo, va a suceder algo para ayudar a equilibrarte.

Por eso, pase lo que pase en tu vida, nunca te asustes. Nada permanece inmóvil, permite que la vida fluya. No des tanta importancia ni a lo bueno ni a lo malo que te suceda. Simplemente disfruta de lo que vives en cada momento sin pretender retener nada.

Si tú te sientes feliz, disfrútalo en el presente. Si te sientes triste o algo te angustia, no te preocupes, pasará. Nada permanece inmóvil en el universo. Nuestra naturaleza siempre busca el equilibrio.

¿PARA QUÉ NOS SIRVE TODO ESTO?

Esto nos sirve para rectificar el rumbo en el momento que lo deseemos. En este caso, nos sirve para poder dirigir el poder de nuestra mente hacia donde nosotros deseemos. Cuando un pensamiento te atormenta, ¿cómo puedes dejar de pensar en él?

Pensando en otra cosa. Enfocándote en otro pensamiento. Todos tenemos la habilidad de dirigir nuestros pensamientos hacia donde queramos. Es ahí donde reside nuestra libertad. **Siempre tenemos la libertad de elegir en qué enfocarnos, hacia dónde dirigir nuestra mirada, cómo ver la realidad y qué decisiones tomar.**

Tú eres el director de las imágenes que se proyectan en tu mente. En ti reside el poder de elegir qué imágenes permites que permanezcan y qué imágenes quieres potenciar.

«Todo es doble, todo tiene dos polos; todo, su par de opuestos: los semejantes y los antagónicos son lo mismo; los opuestos son idénticos en naturaleza, pero diferentes en grado; los extremos se tocan.»

Los Tres Iniciados, *Kybalión*

NADA ES ERROR, TODO ES APRENDIZAJE

APRENDIENDO A AMAR, EL VERDADERO CAMINO HACIA LA LIBERTAD

«LA VIDA COMIENZA DONDE EL MIEDO TERMINA.»

Osho
Escritor, orador y filósofo

«No confiamos en que nuestra vida nos está dando todo lo que necesitamos en cada momento. Por eso seguimos buscando en la vida del otro. ¿Qué hay en tu vida que le falta a la mía? Cuánto sufrimiento genera eso.»

Sergi Torres
Autor y conferenciante

No son las personas las que te hacen daño, sino tus ideas acerca de esas personas.

¿POR QUÉ SUFRIMOS?

En primer lugar, nuestro sufrimiento viene de nuestra falta de comprensión acerca de cómo funciona nuestra mente y de la relación que existe entre nuestros pensamientos y la realidad.

En segundo lugar, viene de la falta de gratitud y de confianza. Viene de no estar educados en la incertidumbre, de nuestro deseo de querer controlarlo todo y de la inmediatez con la que exigimos resultados.

Por ejemplo, ¿sufres cuando vas a comprar fruta? No, ¿verdad? ¿Por qué no? Porque sabes lo que va a pasar, sabes que no hay ningún riesgo que correr, confías en que conseguirás lo que te propones.

En cambio, ¿por qué te pones nervioso cuando vas a hacer una entrevista de trabajo o vas a reunirte con un cliente? Ya sé que no es lo mismo sufrir que ponerse nervioso. Hablo en términos generales de todo aquello que te genera tensión. Para establecer una diferencia entre aquellas situaciones en las que disfrutamos y aquellas en las que la tensión o la preocupación nos impiden disfrutar del momento presente.

Si tú supieras que en esa entrevista te van a dar el trabajo o que al día siguiente te van a llamar de otro sitio y te van a dar un trabajo mejor, probablemente estarías encantado. **¿Por qué los niños disfrutan casi todo el tiempo?** A veces se enfadan porque no consiguen lo que quieren, pero enseguida encuentran otra cosa con la que entretenerse, jugar, etc. Están siempre inventando juegos nuevos. No se preocupan, al fin y al cabo, saben que lo tienen todo y que no les faltará de nada.

Causas del sufrimiento:

1. *Falta de comprensión.* Para que exista comprensión es necesario el conocimiento. Cuando tú compras una computadora y no sabes cómo usarla, de poco te servirá. Si no conoces el potencial de algo que posees, difícilmente le sacarás el máximo rendimiento. Cuanto mejor conoces un programa, mayor es el rendimiento que puedes sacar de él. Cuanto más conoces acerca del marketing, más beneficios puedes obtener en tus ventas.

2. *Falta de amor por uno mismo y por los demás*. Sin amor no puede haber respeto. Si no te amas a ti mismo, difícilmente te respetarás. Si no te respetas a ti mismo, difícilmente vas a respetar a los demás. Si no eres paciente contigo mismo, difícilmente lo serás con los demás. Si no crees en ti, difícilmente creerás en los demás.

3. *Falta de confianza en uno mismo y en los demás*. Si tú te sientes inseguro, es probable que cada vez que alguien opine de forma diferente a ti te sientas atacado.

4. *Falta de gratitud*. Si te estás quejando de algo es porque en ese momento no encuentras motivos para estar agradecido. La gratitud y la queja son los dos extremos de la misma cosa. Cuando sientes gratitud, experimentas amor. Cuando te quejas, sufres.

5. *Falta de paciencia*. La inmediatez. Queremos todo iy lo queremos **ya**! Queremos **ver para creer**. Pero, qué sorpresa, las leyes universales de la vida operan al revés. Es necesario **creer para ver**.

6. *Falta de responsabilidad*. Cuando tú evitas, eludes o ignoras tu responsabilidad, estás despojándote de tu poder. En el momento que culpas a los demás de lo que tienes en tu vida, estás convirtiéndote en una víctima. Vas directo hacia abajo.

Por el contrario, cuando tú asumes tu responsabilidad en aquello que sucede en tu vida, estás asumiendo también tu poder.

LA TRASCENDENCIA DEL DOLOR

¿Por qué se repiten determinadas situaciones de dolor en tu vida?

No nos han enseñado a gestionar el dolor ni a trascenderlo.

Normalmente, cuando algo nos duele, una situación, las palabras o acciones de una persona, nos quedamos ahí. En el «eso me duele». Y las reacciones naturales son evitarlo, responder o culpar.

La vida sólo te enseñará lo que estés dispuesto a aprender.

La clave está en no dejarse impresionar por los sentidos, por aquello que vemos, por el dolor. El problema es quedarse atrapado en el dolor y no ser capaz de trascenderlo.

Nada sucede por casualidad. Nada es error, todo es aprendizaje. Todo sucede por una razón. Y esto es realmente útil en las situaciones que nos provocan dolor.

Cuanto mayor es el dolor que nos provoca una situación, mayor es el aprendizaje que se oculta detrás de esa experiencia. Si te quedas en el dolor, sufrirás y serás incapaz de ver lo que la vida trata de enseñarte.

Todo depende del enfoque y del punto desde el que te posiciones. Todo depende de las preguntas que te hagas.

Si te quedas en el «¡no es justo!», «¿por qué esto siempre me pasa a mí?», entrarás en un bucle que al único sitio que te llevará será a profundizar en el dolor.

Por el contrario, **si cambias las preguntas, cambiarán inevitablemente las respuestas**.

Si te preguntas **«¿qué trata de enseñarme la vida con todo esto?, ¿qué puedo aprender yo de todo esto?»**, encontrarás respuestas mucho más interesantes.

Todos tenemos sueños, objetivos, metas y un propósito de vida. Y esa situación ha llegado a tu vida precisamente porque tú tienes un sueño y un propósito que alcanzar. **Tú** tienes una meta y la vida quiere dártela. Te está guiando hacia ella. Pero no la alcanzarás hasta que no superes una serie de aprendizajes. Porque la vida nunca te dará algo que no puedas soportar. Y esto es así para todo.

Si **tú** no estás preparado para dirigir una empresa con diez mil empleados, no te van a nombrar presidente de dicha empresa. Si tú no sabes gestionar 50 millones de euros, la vida no te los va a regalar. El camino es otro. La vida no es ninguna lotería.

Los multimillonarios no son multimillonarios por casualidad. Tanto si nacen como si se hacen, saben cómo gestionar, invertir y generar más riqueza. El que no controla la sabiduría del dinero, por mucho que gane millones de euros en la lotería, si no sabe gestionar e invertir ese dinero, en poco tiempo se lo gastará.

Pero volviendo al aprendizaje. **Einstein** decía que **«ningún problema puede ser resuelto en el mismo nivel de conciencia que se creó».**

Si tú no te elevas por encima del dolor, de lo que perciben tus sentidos, si tú no te elevas por encima de la situación que estás viviendo, difícilmente encontrarás la solución.

Si huyes de aquello que te asusta, estarás evitando también el aprendizaje. Y como **tú** tienes un sueño y la vida quiere dártelo, la vida se encargará de repetirte esa lección una y otra vez hasta que la aprendas. Repetirás curso hasta que seas consciente de aquello que la vida trata de enseñarte.

¿Alguna vez te ha pasado? Una situación dolorosa empieza a repetirse en tu vida una y otra vez, unas veces con la misma persona y otras veces con diferentes personas. Y tú te preguntas: «¿Cómo es posible que siempre me pase lo mismo?».

Acabas generalizando y evitando el problema. Es decir, echándoles la culpa a los demás. Error.

Mientras sigas pensando eso, la situación seguirá repitiéndose. Estás haciéndote las preguntas equivocadas y estás sacando la responsabilidad fuera de ti.

Es importante que tengas claro que, si algo de lo que está sucediendo te está afectando a ti, es porque tú tienes algo que aprender de todo esto.

El sufrimiento viene de nuestra falta de comprensión. Nos dejamos impresionar por los sentidos, no vemos más allá de lo visible o audible. Y nos dejamos influenciar enormemente por las circunstancias.

A menudo queremos subir al Everest sin pasar dificultades, de manera fácil, cómoda y rápida. Y como bien imaginas, eso no es real. Es ir en contra del misterio de la vida. Es como querer que sea de día cuando es de noche o que sea invierno cuando es verano. Si **tú** quieres llegar lejos o alto en la vida, tendrás que entrenarte para llegar hasta allí.

Es como aquél que quiere un ascenso en su trabajo y se pasa todo el día quejándose de que su jefe no le valora, de lo mal que le pagan, de todas las horas extras que hace, etc.

Si tú no te sientes valorado por alguien, la primera pregunta que deberías hacerte es: **«¿Me estoy valorando a mí mismo?»**.

La siguiente pregunta sería: **¿Qué imagen estoy dando yo en mi trabajo?**

¿Me estoy comportando como una persona que merece un ascenso?

¿Estoy transmitiendo realmente el valor que me asigno a mí mismo?

¿Me siento realmente merecedor de ese puesto? ¿Me siento preparado para asumir más responsabilidad?

Revisa cómo te estás comportando, cuál es tu actitud diariamente en el trabajo y cómo te ves a ti mismo.

¿Permites que pasen por encima de ti o te haces respetar?

¿Sabes decir que no con naturalidad, sin alterarte o sin sentirte culpable?

¿Te alteras cuando te echan algo en cara o sabes mantener la calma?

¿Cómo te sientes?

¿Cómo te comportas?

SER, HACER, TENER

A menudo las personas quieren alterar el orden de la vida. Quieres tener algo para hacer algo y entonces serás alguien. El orden no funciona así.

Primero tienes que convertirte en la persona que quieres ser, hacer lo que tienes que hacer para poder tener lo que quieres tener. Ése es el orden: **ser, hacer, tener**.

¿Eres capaz de verte a ti mismo con ese ascenso? Ahí está la clave de todo. Si tú no eres capaz de verte, de imaginarte a ti mismo en ese puesto, te lo digo ya: no vas a llegar hasta allí hasta que no logres visualizarlo en tu mente, hasta que no te lo creas.

Todo depende de cuál sea tu sueño, de cuál sea tu propósito en esta vida. Porque es eso precisamente para lo que la vida te va a entrenar.

Y TÚ, ¿TE AMAS?
Y TÚ, ¿CREES EN TI?

Mi propósito en esta vida es ayudar a las personas a descubrir su grandeza, su propósito, el inmenso potencial de su mente y sus emociones. Y, en definitiva, ayudar a las personas a **amarse** y a **creer en sí mismas**.

Ésa ha sido la lección magistral que me ha dado esta vida. Porque no siempre fue así. Hubo un tiempo en que no creí en mí, y de hecho pasaron muchos años hasta que empecé a hacerlo. Por eso ahora puedo guiar a otros, porque ya conozco el camino.

Poco antes de publicar este libro, yo tenía muy claro el mensaje que quería escribir y, sin embargo, había un tema que emocionalmente me estaba bloqueando. Ahí llegó la lección magistral que me permitió terminar este libro.

Es muy fácil **creer en ti** cuando las personas que más quieres creen en ti. Es muy fácil creer en ti cuando te sientes completamente amado y apoyado. Pero ¿qué sucede cuando una de las personas más importantes de tu vida (aparte de ti) de alguna forma deja de estar ahí?

Hace poco tuve una discusión con un gran amigo que siempre está ahí. Pero en aquel momento teníamos una forma tan distinta de ver la realidad que literalmente estábamos en mundos diferentes. La comunicación no funcionó, porque no llegábamos a encontrarnos.

Por un momento, mi fe se tambaleó. Estaba acostumbrada a contar con su apoyo y de repente él no estaba donde yo creía que estaba.

Ése fue el mayor muro que encontré para terminar de escribir este libro. Si tienes que elegir entre creer en ti o creer en las palabras de una de las personas que más amas, ¿a quién eliges?

Ésa es la pregunta clave, la más importante. **¿A qué opinión o a qué palabras das más poder? ¿A las tuyas o a las de los demás?**

En los momentos decisivos, la vida te pide que elijas.

No es cuestión de tener razón. Cada persona interpreta su propia realidad desde un punto diferente. Todos tenemos razón y todos nos equivocamos. Esa persona podía estar tan equivocada como yo. No se trataba de eso, se trataba de a quién doy más poder, ¿al otro o a mí?, ¿a lo que me dictaba mi corazón o a la opinión de otra persona?, ¿qué vida quería vivir, la mía o la que me indicaban los demás?

Al principio caí en el «¿por qué siempre me pasa lo mismo a mí? No lo puedo creer, que después de todo lo que he luchado vuelva a pasarme lo mismo».

Pero enseguida entendí que me estaba haciendo las preguntas equivocadas y que no podía dejar de creer en mí. Que no podía dar más valor a las palabras de los demás que a las mías.

Ese día mi alma me susurró: «**Cree en ti**. Me tienes a mí. Tienes todo lo que necesitas. Lo único que te estoy pidiendo es que sigas adelante. Déjalo ir. Suéltalo. Cree en tu intuición, en tu esencia, en ti misma y yo te llevaré donde tú quieras».

Ese día entendí lo importante que es hacerse las preguntas correctas: **¿qué trata la vida de enseñarme con todo esto?, ¿qué puedo aprender yo con todo esto?**

Yo quería aprender a amar incondicionalmente y quería aprender a creer en mí incondicionalmente. La vida sólo me estaba guiando.

«Todo obstáculo o problema lleva en su interior la semilla de un beneficio equivalente o mayor.»

Napoleon Hill

Escritor y experto en superación personal

Ese día hice algo diferente. Ese día dejé de hacer lo que me decían los demás, lo que se esperaba de mí, y empecé a hacer lo que me dictaba mi corazón.

Ese día lo primero que elegí fue **creer en mí**. La segunda decisión fue aceptar la realidad, la confusión, el error y el dolor. Todo eso me estaba sucediendo por una poderosa razón: **aprender a creer en mí**.

Por eso traté de bajar el nivel de importancia de todo aquello que percibían mis sentidos y elegí elevarme por encima de todo eso. Trascendí el plano del dolor.

No es necesario entenderlo todo para trascender el dolor, la clave está en abrirse a la posibilidad.

Eso es. Abrirse a la posibilidad del aprendizaje. Abrirse a la posibilidad de aquello que aún no puedo ver ni comprender. Abrirse a la posibilidad de que todo sucede por una razón, para guiarme hacia lo que realmente amo, hacia la plenitud y mi autorrealización.

Porque cuando niegas el dolor, estás negando la solución. Cuando niegas el error, estás negando el aprendizaje. Cuando niegas la información que estás recibiendo, estás negando tu subida al próximo nivel.

«El dolor es inevitable,
pero el sufrimiento es opcional.»

Buda

Aprender a veces duele, limpiar una herida duele, sanar tu corazón duele, intentar retener a tu lado algo que no te pertenece duele, aceptar las pérdidas duele. El dolor forma parte del misterio de la vida.

Sin embargo, el sufrimiento es opcional. No te quedes en él, ve más allá. No intentes entenderlo todo. No le des tanta importancia. No te preocupes. Nada sucede por casualidad. **Confía** y ábrete al aprendizaje.

EL MAYOR MOTOR DEL CAMBIO

El dolor y el placer son los dos grandes promotores del cambio. Aprendemos por oposición o por imitación. Sería precioso aprender siempre por imitación o movidos por el placer. Pero la realidad es otra muy distinta. A veces necesitamos pasarlo mal para desear un cambio.

Todos tenemos un termostato para soportar el dolor y, hasta que no llegamos a nuestro límite, no reaccionamos. Mientras tanto, aguantamos, soportamos, nos adaptamos.

Hasta que un día dices: «¡¡Basta!! ¡Ya he tenido suficiente! Ya está bien de depender. **¡¡Eres grande!!** Compórtate como tal. No necesitas nada más, lo tienes todo. Porque todo lo que pidas te será concedido».

Nunca temas cada vez que un ser querido abandona tu vida, porque otro de igual o mayor valor entrará en ella.

Todo lo que me está sucediendo en este momento es exactamente lo mejor que me podría estar sucediendo.

Cada vez que pienso que «daría lo que fuera por haber descubierto antes todos los principios que han cambiado mi vida» sucede algo que me ayuda a entender que todo lo que he vivido era necesario para llegar hasta aquí y para ser hoy quien soy.

«Cada fracaso enseña al hombre algo que necesitaba aprender.»

Charles Dickens

Es importante que entiendas que, sin todo lo que has vivido, no habrías aprendido todo lo que hoy eres. Sin todo lo que has vivido, no habrías conocido a las personas que hoy te han traído hasta aquí. Sencillamente, serías de otra forma.

Una de las claves de todo lo que he conseguido ha sido atreverme a vivir cada desafío que me ha planteado la vida.

Uno de los pensamientos que más paz me da es pensar que **todo lo que me está sucediendo en este momento es exactamente lo mejor que me podría estar sucediendo**. ¡Sí! Por muy loco que parezca, ese enfoque siempre te llevará a buen puerto y te permitirá sobrevolar por encima de cualquier obstáculo.

Como aprendí de Sergi Torres en sus conferencias, cada vez que huimos, cada vez que negamos una experiencia, estamos negando un aprendizaje sobre nosotros mismos. Un aprendizaje que nos va a abrir una puerta hacia nuestra felicidad y a nuestro potencial.

Por esa misma razón, cada vez que negamos una experiencia a la vida, la vida se encargará de repetírnosla una y otra vez hasta que nos decidamos a aprenderla.

¿Alguna vez te ha pasado que has querido evitar algo y al poco tiempo te ha vuelto a pasar eso mismo, ya sea con la misma persona o con otra?

Es la vida, que quiere mostrarte algo. Y en el momento en que aceptas aprender eso, en el momento en que en vez de huir te mantienes firme, aceptas el desafío y te abres a aquello que la vida te quiere enseñar, lo superas, y esa situación nunca volverá a suponer un problema para ti, porque ya la habrás superado. Y liberará un potencial hasta entonces oculto para ti.

Nadie es más que tú
y nadie es más que nadie.

Una de las mayores enseñanzas de este año ha sido que 90 % de lo que he sufrido me lo podía haber ahorrado. Si no hubiera escuchado a mis miedos, si no hubiera escuchado la opinión de mi mente, si no hubiera juzgado, si no hubiese sido tan dura conmigo misma.

Como dijo Buda, «el dolor es inevitable, el sufrimiento es opcional».

Antes, cada vez que me encontraba con una gran persona, me comparaba con ella y me criticaba por no ser como ella. Era un defecto de programación. Era capaz de ver la grandeza de los demás y no era capaz de ver la mía. Era capaz de perdonar los errores de los demás y no era capaz de perdonar los míos.

Y por esa razón no era capaz de encajar los juicios y las opiniones de los demás precisamente como lo que son, sólo opiniones.

Cuando tú te apoyas a ti mismo, cuando tú te amas completamente, ya tienes todo el apoyo que necesitas.

Nadie podrá tumbarte. Porque la opinión de alguien no podrá más que la tuya propia.

Por eso, lo más importante es llevar las riendas de tu imaginación. Nada ni nadie puede hacerte más daño en la vida que las telenovelas que arma tu mente.

¿Te ha pasado? ¿Cuántas veces has sufrido por algo que aún no había ocurrido o que nunca se ha hecho realidad? Y en el peor de los casos, cuando lo que tú tanto temías acaba ocurriendo, la realidad nunca es tan dolorosa, en comparación con lo que tú ya has sufrido.

¡¡Atento a tu mente!! Siempre hará lo posible por protegerte, se basa sólo en la experiencia conocida, no razona. Por eso es tan importante ejercitarla y entrenarla. Reprogramarla para que inconscientemente nos lleve hacia donde nosotros queramos y no a la deriva.

Has pasado muchos años repitiendo los patrones heredados. No te rindas cuando decidas empezar a reprogramar tu mente. En esencia el camino es sencillo. Sigue enamorándote de tu vida y contándote tu historia una y otra vez, la que quieres vivir.

¡Cuantas más veces te repitas lo que quieres vivir, con más fuerza se grabará en tu mente! ¡Cuanto más te lo repitas, más lo creerás!

Y cuando consigas creértelo, verlo como algo posible, te impresionará y te moverá hacia ello. ¡Todo depende de ti! Sólo depende de ti.

Para grabar una nueva idea tu mente subconsciente necesita repetición. Permítete creértelo y siéntelo como si eso ya fuera real en tu vida. La emoción acelera el proceso de grabación.

Hay mil formas de enfocar tu vida, hay mil formas de contar tu vida. Cuenta la versión que más te guste y ésa será hacia la que te dirigirá tu mente. ¡Lo tienes todo!

CUANDO ALGO TE ANGUSTIA, CAMBIA EL FOCO

Todo el tiempo que pasas preocupándote se lo estás robando a lo que tú deberías estar haciendo ahora mismo. Es decir, vivir, ser feliz, amar, aprender, trabajar, enriquecerte, colaborar, crecer...

Si algo te angustia, deja de buscar fuera la razón de tu malestar y atrévete a mirar dentro de ti. Si te lo permites, encontrarás el pensamiento que está generando esa angustia. Y comprobarás que la raíz del «problema» no estaba fuera, sino dentro.

Durante muchos años mi madre siempre me decía: «Rut, no esperes tanto de los amigos».

Pero yo seguía sintiendo esa necesidad de recibir más. Hasta que un día comprendí que aquello que me faltaba sólo yo podía dármelo.

Y sólo cuando tú empiezas a amarte a ti mismo, puedes empezar a hacer amigos desde el deseo de compartir y no desde la necesidad de recibir. Y empiezas a entender que cada persona que aparece en tu vida es un regalo que permanecerá en ella el tiempo que se tenga que quedar.

Cada persona está en constante cambio durante toda su vida. En cada momento nos acompañan las personas que tienen una forma de pensar semejante a la nuestra.

Y a medida que vamos creciendo y cambiando, inevitablemente nos acercamos a unas personas y nos alejamos de otras. Por eso hay pocas personas que nos acompañan toda la vida, porque cada una tiene que seguir su camino.

También es verdad que en el mundo del espíritu sólo hay encuentros, nunca despedidas. Pues, aunque a veces las personas que queremos se alejen de nosotros, no significa que ya no nos quieran o que las hayamos dejado de querer. Sólo significa que hemos escogido caminos diferentes y, quién sabe, tal vez más tarde volvamos a encontrarnos.

La vida siempre fluye, siempre te da lo que tú necesitas.

He vivido muchos cambios en mi vida y, al seguir mi camino, la vida me ha distanciado de unas personas y me ha acercado a otras. He seguido conociendo a personas maravillosas y, sin embargo, no he dejado de querer ni a una sola persona de las que ya no veo habitualmente.

Hace tiempo que pedí aprender sobre estos temas y les aseguro que no ha sido fácil. ¡Pero ha sido impresionante!

Cuando empiezas a confiar en ti mismo, cuando empiezas a ser consciente de que lo tienes todo y que recibirás toda la ayuda que necesitas en el momento apropiado, es cuando empieza tu verdadera libertad.

Y para que eso suceda, hay que abrir la mente y permitirnos sentir esas emociones que en principio nos asustan. Porque sólo cuando te permites sentirlas, eres capaz de atravesar esos miedos y ver que al otro lado empieza tu libertad.

¡Cuántas veces la vida nos ofrece lo que necesitamos y nosotros no queremos verlo porque nos da miedo! O porque estamos tan bloqueados por lo que no tenemos que nos impide ver lo que nos están ofreciendo.

¡Cuántas veces queremos ayudar a las personas porque las vemos sufrir y no se dejan ayudar!

Amar significa permitir ser y dar a cada persona la libertad de ser, de elegir, de marcharse o de quedarse, de amarse o de herirse.

Amar es confiar. Y para amar sin miedo a perder, lo primero que hay que hacer es amarse completamente.

Sólo así podrás amar desde el desapego y no desde la necesidad. Yo espero seguir aprendiendo mucho sobre todo esto, porque es ahí donde empieza nuestra libertad, desde el desapego y la confianza.

> **Si algo te angustia, revisa qué pensamiento hay detrás de esa emoción y en qué te estás enfocando.**

Una de las mayores fuentes de frustración, decepción y dolor suele ser poner nuestras expectativas fuera de nosotros.

Ése suele ser uno de los errores más repetidos. Normalmente tendemos a tener expectativas muy altas sobre los demás. Y eso a la larga nos trae muchas decepciones.

El foco de nuestras expectativas nunca debe recaer fuera de nosotros, porque entonces estará fuera de nuestro alcance.

Tu persona es el único territorio en el que tú puedes actuar directamente. En los demás, como mucho, puedes confiar, pero no esperar nada de ellos. Los demás nos pueden dar su apoyo, su cariño y su aprobación. Y siempre debemos aceptarlos como un regalo, nunca como una exigencia o una obligación.

Por supuesto que es normal que, cuando a ti te falta algo, esperes que las personas que te quieren te apoyen.

Pero cada persona vive inmersa en sus batallas y en sus retos. Y no siempre las personas de las que esperamos el apoyo pueden dárnoslo, porque a lo mejor en ese momento ellos también están faltos de apoyo.

Y sin embargo nos olvidamos de que **dentro de nosotros existe una fuente de amor y de paz infinita**. Tenemos todos los recursos y el amor necesarios dentro de nosotros, pero con todo el ruido que hacen nuestros pensamientos y que hay a nuestro alrededor, no lo vemos. Pero te garantizo que el que busca en el silencio dentro de sí mismo encuentra.

UN SUEÑO REVELADOR

Hace unos años, cuando yo estaba inmersa en pleno proceso de conocerme a mí misma, tuve un sueño revelador.

Soñé que viajaba subida en la parte de atrás de un camión enorme lleno de troncos de árboles gigantescos. Me encontraba en medio de un bosque lleno de árboles altísimos, en California. Y de repente, por instinto, empecé a apartar los troncos y a echarlos a un lado. Oí un ruido casi imperceptible que provenía de debajo de todos esos troncos. Era un llanto apenas audible.

Me apresuré, no me quedaba ninguna duda. Allí debajo había alguien. Cuál fue mi sorpresa cuando empecé a ver que se trataba de una niña que como mucho podía tener 2 años. Estaba completamente magullada, pero ¡¡estaba viva!!

Me pareció un milagro que hubiese sobrevivido al peso de aquellos troncos. En cuanto la liberé de todo lo que la aplastaba, la tomé en brazos, la abracé y la llené de besos.

Y entonces, atónita, pude ver cómo todas sus heridas ensangrentadas y sus magulladuras desaparecían por momentos. Al mismo tiempo que desaparecían sus heridas, ella empezaba a resplandecer y a crecer.

Pasados unos minutos, estaba perfectamente sana y feliz, ya con el aspecto de una niña de unos 7 años. Hasta su vestido blanco resplandecía.

En ese sueño vi claramente el efecto sanador del amor. El amor lo cura todo. Y también fui consciente de que la niña que encontré en aquel camión era yo misma. Era la niña que muchos años atrás había enterrado, porque no quería escuchar sus sueños.

Todos llevamos dentro de nosotros a ese niño. Ese niño que en su momento no entendió muchas cosas y por eso te reclama y te pide que le ames. Y ese amor, el que tú le des, el que tú te des a ti mismo, es el único amor que puede curar todas sus heridas.

Toma a ese niño que vive en ti en tus brazos y ahora dile cuánto le amas. Y dale todo lo que espera recibir.

«Nada tiene sentido salvo el que tú le das.»

Laín García Calvo

Cada uno de nosotros vemos nuestra vida desde un punto de vista diferente, determinado por nuestras creencias, las cuales configuran nuestro sistema de pensamiento. Cada uno somos un mundo, por eso hay tantos mundos como interpretaciones posibles.

Durante muchos años me dediqué a interpretar lo que hacían y me decían las personas que me importaban y a asumir sus palabras casi como verdades absolutas. Y eso a veces me producía mucho dolor.

Es nuestra inercia natural a interpretar lo que nos dicen o nos sucede en función de los pensamientos que tenemos dentro de nuestra cabeza.

Lo mejor de todo es que siempre tenemos la libertad de interpretar todo lo que nos pasa, mal o bien. Es nuestra decisión, nuestra elección. Puesto que nunca podremos meternos en la mente de otra persona para escudriñar sus pensamientos.

LA TEORÍA DEL ESPEJO

Cada persona que pasa por tu vida te muestra algo de ti.

Las personas que vemos actúan como espejos que nos muestran (reflejan) aquello que tenemos en nosotros.

Por eso, cuando sientes admiración por algo que tiene una persona es porque lo reconoces. Tú también tienes eso que provoca en ti la admiración, aunque aún no lo hayas descubierto.

Lo mismo sucede cuando algo te irrita de una persona o te causa rechazo. Inconscientemente reconoces algo que no te gusta de ti, que no has aceptado, algo que tienes reprimido o algo que no quieres ver, bien porque te avergüenza o porque es algo que aún no te has perdonado. Puede haber muchas razones ocultas.

¿Cuántas veces culpamos a los demás o nos enojamos cuando en realidad tan sólo nos están mostrando algo de nosotros que no queremos reconocer?

Cuando miras hacia otro lado porque no te gusta lo que ves, estás negando una parte de ti mismo.

Estás rechazando un aprendizaje que te permitirá superar una serie de miedos y avanzar en el conocimiento de ti mismo.

Enfrentarse no es otra cosa que ponerse en frente de lo que no queremos ver, porque es ahí donde se encuentra la enseñanza que necesitamos.

Y también tendemos a reflejar en los otros lo que sentimos.

Si tú te sientes inseguro, falto de cariño, es muy probable que, cada vez que alguien te diga algo, tú desconfíes y no te lo creas. ¿Por qué? Porque es lo que tenemos dentro y es lo que reflejamos fuera.

Si tú estás agobiado o preocupado por algo, puedes llegar a pensar que los que están a tu lado también están agobiados o preocupados en cuanto notes algo raro en ellos. Y no, lo que pasa es que estás reflejando lo que llevas dentro.

Del mismo modo, cuando tú te sientes feliz y radiante, tienes la percepción de que los que te rodean también lo están.

Todos somos espejos. Y por eso siempre digo que cada persona que aparece en mi vida es un regalo, porque me mostrará algo de mí que es importante para continuar mi aprendizaje y mi camino.

DIFERENTES FORMAS DE AMAR

¿Cuántas personas no se sienten amadas porque no las aman como a ellas les gustaría?

¿Por qué sufrimos cuando los demás no se comportan como a nosotros nos gustaría?

En 90 % de los casos el problema no es que no te amen, sino que cada uno entiende de una forma diferente el hecho de amar.

Cada uno tenemos una forma diferente de amar, de demostrar el amor y el cariño que sentimos por los demás.

Hay personas que son más visuales, otras que son más auditivas y otras que son más emocionales. Dependiendo del tipo de persona que seas, recibirás con más fuerza las muestras de amor visuales, auditivas o emocionales.

Hay personas a las que les resulta más fácil demostrar el amor que expresar los sentimientos con palabras. Hay otras a las que les cuesta más expresarse por escrito que en persona. Hay personas que cuidan más lo material y hay otras que cuidan más las palabras o los gestos.

Es importante recordar que cada uno de nosotros vemos nuestra realidad desde un punto de vista diferente. Cada uno presta más atención a una serie de gestos. Y todo, una vez más, depende de nuestras creencias, de lo que hemos observado en nuestras familias y a nuestro alrededor nuestros primeros años de vida.

Si una persona no ha escuchado a sus padres decir: «Te quiero», o dar besos y abrazos a menudo, es probable que esa persona cuando sea mayor tenga problemas para expresar sus sentimientos o para mostrar afectividad.

¿Cuántas veces habremos juzgado los sentimientos de los demás porque sus actos no se correspondían con las muestras que esperábamos ver?

Pero, bueno, ahora ya lo sabes, que cada vez que emites un juicio es tu mente, con sus creencias, la que está opinando. Y eso es exactamente, sólo eso, una opinión de tu mente.

Por ejemplo, para una madre que carga con la responsabilidad de hacer las tareas de la casa, de limpiar, lavar la ropa, hacer la compra, la comida, es probable que se sienta amada cuando su marido y sus hijos comparten con ella esas tareas.

Hay personas que necesitan más palabras y hay personas que necesitan más gestos amables. Hay personas a las que simplemente con dedicarles un poco de tu tiempo o una llamada ya las haces inmensamente felices.

Lo que tú entiendes por amar puede que no siempre sea lo mejor para los otros.

Hay personas (bastantes) que creen que amar es preocuparse por el otro y advertirle de lo peor que le puede pasar en cada momento. O corregirle cuando, según su opinión, está haciendo algo mal porque, a su juicio, se está equivocando.

Todo esto es tremendo. ¿Cuánto daño hemos hecho con nuestras opiniones y cuánta influencia hemos ejercido en las personas que queremos? Te lo digo ya. Muchísimo.

Primero. Cuando estás advirtiendo a alguien de todo lo malo que le puede suceder si escoge ese camino, lo estás enfocando en el miedo y en los problemas. Inconscientemente, ese impacto emocional marcará una dirección en su mente y activará los sistemas de alerta. Y salvo que esa persona sea muy segura de sí misma, es probable que entre en estado de estrés (preocupación).

El estado de estrés disminuye la conexión entre los dos hemisferios de nuestro cerebro y entramos en bloqueo. Perdemos velocidad, claridad de ideas, capacidad de tomar decisiones o de entrar en acción. Con lo cual, con toda tu buena intención, has modificado su rumbo, su enfoque. Has desviado su mirada, de la motivación al miedo.

Mi pregunta es: ¿quién es nadie para sabotear la motivación de las personas, por mucho que las ame? Antes de dar una opinión, recuerda que tú estás condicionado por tu forma de observar el mundo, en función de tus creencias y de tu experiencia. Pero es tu mundo. Y cada persona es un mundo.

Segundo. Todos necesitamos experimentar para aprender. Cuando tú le dices a un niño «no hagas eso, que te vas a caer», el niño no lo entiende. Necesita experimentar la caída para aprender de la experiencia. Por esa misma razón, los adultos también necesitamos seguir experimentando para aprender.

Tercero. Equivocarse no es malo. ¿Cuánto miedo nos han metido a equivocarnos? Cuando, en realidad, lo realmente malo es no hacer algo por miedo a equivocarse. Eso sí que es un error, permanecer inmóvil.

No hay error, todo es aprendizaje.

ME QUIERE, NO ME QUIERE

Ahora, cada vez que escucho a alguien quejarse o sentenciar que alguien no le quiere porque si le quisiera se comportaría de otra manera, pienso: «Pobrecita (o pobrecito), no se da cuenta del daño que le está haciendo la opinión de su propia mente».

Es como cuando una pareja se rompe y te dicen: «Es que fulanito o fulanita nunca me ha querido».

Eso no es cierto. **El amor siempre es real**. Siempre que hayas sentido amor, ha sido real. Otra cosa es que haya problemas de comunicación, de confianza o de dependencia. Pero el amor está ahí.

Y cuando una relación se acaba, lo más fácil es evitar el problema y echar la culpa a los demás. Cuando en realidad los verdaderos motivos de la ruptura siempre residen en uno mismo. Las dos personas consciente e inconscientemente son creadoras de esa realidad.

Unas veces porque no nos conocemos realmente y nos emparejamos con personas que no pueden darnos lo que esperamos, porque no lo tienen. Otras veces porque no sabemos exactamente lo que queremos y nos emparejamos con quien tampoco sabe lo que quiere.

Puede haber mil razones detrás de los problemas de una relación. Pero la razón número uno de los conflictos en las relaciones viene porque no nos amamos lo suficiente a nosotros mismos y buscamos en los demás lo que nos estamos negando a nosotros mismos.

LA TEORÍA DE LAS PARCELAS

Yo me imagino el corazón de cada persona como un campo infinito lleno de parcelas. Cada persona que pasa por nuestra vida siembra un poco de amor en nuestra vida y cultiva una de esas parcelas.

Unos cultivan parcelas pequeñitas, otros cultivan parcelas muy grandes. Pero todos siembran algo.

Pero no todas las parcelas pueden ser sembradas por los demás. Cada uno posee una serie de parcelas en el centro de su corazón que sólo él mismo puede cultivar. Esas parcelas son las que van a garantizar tu fe en ti mismo y tu estabilidad.

Tú eres el único que puede sembrar **amor** en esas parcelas. Y hasta que no lo haces, vagas perdido por la vida, buscando el amor fuera de ti, en los demás.

Ésta es la razón por la que tantas personas confunden las relaciones de dependencia con el amor. Ésta es la razón que lleva a sufrir desamor a tantas personas.

Lloran y se quejan porque no se sienten valoradas o amadas, cuando, en realidad, no se dan cuenta de que lo primero de todo, lo primero que tienen que hacer es amarse a sí mismas. Darte a ti mismo todo el amor que reclamas de los demás.

Por experiencia sé que nada genera más sufrimiento que intentar amar a los demás y no amarse a uno mismo. Porque el que no se ama a sí mismo no puede amar incondicionalmente a los demás, porque tiene un vacío en el alma que nadie más que él puede llenar.

¿Cuántas personas sufren porque no se sienten amadas cuando en realidad sí que lo son?

Porque mientras tú no siembres el amor en las parcelas que sólo tú puedes cultivar, sentirás la falta de amor, la pérdida y el abandono. Porque tú te has abandonado, no te has dado el amor que sólo tú te puedes dar a ti mismo.

Por eso, una vez que cultivas tus parcelas, empiezas a ver el mundo de una forma muy diferente, porque ya te amas, rebosas amor, estás radiante y espléndido. Y, sin darte cuenta, empiezas a atraer a otras personas por todo el amor que irradias y transmites.

Entonces es cuando empiezas a cultivar relaciones de amor sin esperar nada a cambio, sin depender de los demás. Entonces es cuando encuentras los mejores compañeros de viaje.

«No camines delante de mí, puede que no te siga. No camines detrás de mí, puede que no te guíe. Camina junto a mí y sé mi amigo.»

Albert Camus

No es necesario entenderlo todo para poder confiar.

EL APRENDIZAJE DE LAS LENTEJAS

En cierta ocasión, hace años, en una época en la que yo había perdido mi fe en que las cosas pudieran cambiar, decidí llevar a cabo un experimento. Había muchas cosas que no entendía y eso estaba bloqueando mi capacidad para creer que un cambio era posible.

Así que decidí probar con semillas. Empecé sembrando semillas de tomate que yo misma sequé en casa. Durante varias semanas no vi nada. Llegué a dudar de que ahí pudiera salir algo. Tardaron mucho más de lo que había leído, pero al final todas las semillas germinaron y dieron lugar primero a un brote y luego a una planta. Luego probé con semillas de pimiento, lentejas, naranjas y limones. Y de todas aprendí algo diferente.

¿Qué mejor para creer en el cambio que experimentar a través de la propia naturaleza?

Si una partícula diminuta, aparentemente inerte, era capaz de dar lugar a una planta, sin que yo pudiera entenderlo, yo también podía empezar a confiar en el curso de la vida sin necesidad de entender todo lo que estaba pasando a mi alrededor.

Yo seguía sin entenderlo, pero al visualizar el resultado, sencillamente empecé a confiar. Este pequeño experimento fue suficiente para dar vida a una creencia muy positiva en mi subconsciente. A partir de ese momento empezaron a sucederme muchas cosas que hasta entonces no me habían sucedido. ¿Por qué? Simplemente porque había abierto una nueva autopista en mi mente subconsciente.

Más adelante entendí que la clave para motivarme y emprender un cambio en mi vida no estaba en entender el proceso, sino en visualizar el resultado.

Si mi mente era capaz de verlo, era capaz de encontrar la motivación para llegar hasta él. Y al mismo tiempo, de atraerlo hacia mí. Visualizar el resultado construye un puente en tu mente para que tú puedas llegar hasta tu objetivo y tu objetivo a ti.

Con los experimentos con semillas también aprendí lo importante que era el terreno y el ambiente en el que crecían. Tanto hacia arriba como hacia abajo, necesitan espacio para crecer. Si la maceta era muy pequeña, la raíz, cuando no podía profundizar más, empezaba a enroscarse y eso repercutía en el crecimiento exterior de la planta, perdía fuerza y crecía menos.

Aprendí que es muy importante crear un espacio para poder crecer en todos los sentidos, evitar los ambientes tóxicos y rodearte de un ambiente sano en el que puedas nutrirte.

¿QUÉ QUIERES?, ¿SER FELIZ O TENER RAZÓN?

Una de las necesidades del ser humano, según Maslow, es la del reconocimiento. Todos necesitamos sentirnos reconocidos y sentir que tenemos razón.

Sin embargo, a menudo olvidamos que basta con que nosotros nos demos la razón. Cuando tú te apoyas completamente a ti mismo, no necesitas que los demás te la den y respetas que los demás vean la realidad de otro modo, sin sentir por eso que no tienes razón. Simplemente aceptas la variedad de puntos de vista.

En este punto, la autoestima y la necesidad de tener razón están muy relacionadas.

Si no te amas completamente a ti mismo, si tú no te das el apoyo que necesitas, entrarás en la dependencia de que te den la razón los demás y de imponer tu forma de pensar por encima de los demás. Y eso puede generar mucha frustración y muchas discusiones absurdas.

APRENDIENDO A CONFIAR

Una de las experiencias que más me ha enseñado fue aprender a escalar. Cuando aprendes a escalar, aprendes a confiar. No puede ser de otra manera.

Recuerdo a mi amigo Sebastián, que, sujeto a una argolla en la roca, me tendía la cuerda desde arriba.

Tanto él como yo estábamos pendientes de la misma cuerda y de la misma argolla. Él me aseguraba. Yo miraba hacia arriba y me parecía una locura subir por ahí. Pensaba: «No puedo, estoy loca por hacer esto. No se puede subir por ahí». Y, sin embargo, le veía (o le oía) a él tan sonriente allá arriba y eso me transmitía confianza. Y él me decía: «¡Rut! ¡¡Sí que puedes!! ¡Claro que puedes!».

Ese día comprendí que se trataba de confiar. De enfocarme en que era capaz de conseguirlo y olvidar el miedo a caer. Enfocarme en la recompensa y no en el riesgo.

Al fin y al cabo, estaba sujeta. No iba a caer.

Y lo más increíble de todo fue que, paso a paso, alcancé mi meta. Llegué arriba.

Cada paso que daba reforzaba mi creencia de «¡wow!, creía que no podía y he podido». El miedo me retaba a cada paso en la ascensión. Pero ya pensaba: si he podido antes, puedo ahora. Si él pudo, yo también puedo.

Finalmente conseguí llegar hasta donde él estaba. Fue increíble. Es una de las experiencias que más me ha ayudado a confiar en las personas. Y a transformar los «no puedo» en «**¡sí puedo!**».

«Tanto si crees que puedes como si no puedes, estás en lo cierto.»

Henry Ford

Fundador de Ford Motor Company

ENAMÓRATE (DE TI)

CREE EN TI

«TODOS TUS DONES TE FUERON DADOS POR UNA RAZÓN: PARA USARLOS Y COMPARTIRLOS CON EL MAYOR NÚMERO DE PERSONAS POSIBLE. TÚ NECESITAS EMPEZAR A PENSAR EN GRANDE Y DECIDIR AYUDAR A MILES DE PERSONAS, INCLUSO MILLONES. CUANTAS MÁS PERSONAS AYUDES, MÁS TE ENRIQUECERÁS MENTALMENTE, EMOCIONALMENTE, ESPIRITUALMENTE Y DEFINITIVAMENTE ECONÓMICAMENTE. PERO SI TÚ DECIDES CONSENTIR TU EGO Y PERMITIR QUE TODO LO QUE TE RODEA GIRE ALREDEDOR DE TI, DE TI Y DE NADIE MÁS QUE DE TI, TÚ NUNCA VIVIRÁS LA VIDA QUE TÚ FUISTE LLAMADO A VIVIR. EL MUNDO NO NECESITA MÁS PERSONAS JUGANDO A SER PEQUEÑAS. EL MUNDO NECESITA QUE TÚ EMPIECES A JUGAR A LO GRANDE. ASÍ QUE DEJA DE ESCONDERTE Y EMPIEZA A SALIR. DEJA DE NECESITAR Y EMPIEZA A LLEVAR LA INICIATIVA. EMPIEZA A COMPARTIR TUS DONES. DEJA DE DISIMULAR O DE PRETENDER QUE NO EXISTEN.»

T. Harv Eker

Autor, formador y orador motivacional

Tenemos una capacidad infinita para amar y sin embargo el mundo está falto de amor porque la mayoría de las personas no se aman a sí mismas.

¿Qué es realmente amarse a sí mismo?

Imagina que tú te gastas todo el dinero que tienes en hacerle un regalo a la persona que más quieres. Le compras un regalo único en el mundo. Especial para esa persona, única en tu vida. Dentro de ese regalo hay un cheque en blanco donde esa persona puede escribir lo que quiera, y lo que escriba lo recibirá.

¿Cómo te sentirías si, al darle tu regalo, esa persona se avergonzara y lo escondiera en un armario para que nadie lo viera? ¿Cómo te sentirías si esa persona llegara a olvidar tu regalo? ¿Le volverías a hacer otro?

¿Cómo te sentirías si escucharas a esa persona que tanto amas quejarse constantemente? ¿Cómo te sentirías si la vieses más veces triste que sonriendo? ¿Cómo te sentirías si vieras a esa persona constantemente exigiéndose a sí misma y reprochándose todo lo que no hace bien? ¿Y sintiendo que no vale o que no es capaz o merecedora de alcanzar determinadas metas?

Tú sabes lo que hay dentro de ese regalo, tú sabes que dentro de ese regalo hay un cheque en blanco, que le has dado el poder de elegir lo que quiere tener, lo que quiere vivir. Pero ni siquiera lo ha abierto.

Pues bien, ese regalo es **tu vida**. Tu **vida** te lo ha dado **todo**. Y cuando te digo **todo**, quiero decir todo lo que necesitas para conseguir lo que quieras.

Aunque no lo veas, tu luz y tu potencial se encuentran dentro de ti. Una vez más nos dejamos llevar por nuestros sentidos, que están orientados para percibir el mundo exterior y no el interior.

Tu vida te ama desde siempre. Te ha dado unos dones para que los disfrutes y los pongas al servicio de la humanidad. Tu vida, tu alma llevan toda una eternidad amándote y tratando de hacerte entender lo grande, precioso, amado e importante que **tú** eres.

«Tú eres lo más grande que haya existido
y que vaya a existir jamás.»

Frank Maguire
Cofundador de Federal Express, autor y conferenciante

Por eso, cada vez que olvidamos u ocultamos nuestra luz, el alma sufre. Tu alma sufre cuando ignoras tu grandeza, cuando no te amas, cuando no amas, cuando no te valoras, cuando menosprecias a las personas que te rodean. Porque tu alma es amor, viene del amor.

LA VIDA SE ASEMEJA A UN GRAN MERCADO BURSÁTIL

Cada uno decide cuánto invertir, cuántos riesgos correr y, de la misma forma, cada uno decide el valor que se atribuye a sí mismo. Y en función del valor que te atribuyas a ti mismo, podrás invertir más o menos en el gran mercado de la vida. Si tú crees que vales poco, probablemente arriesgarás poco y ganarás poco.

La regla es directa. Si, por el contrario, tú crees que vales mucho y que mereces mucho, y tienes el valor de arriesgar e invertir mucho, recibirás mucho. Pero si no tienes el valor de arriesgar y tienes mucho miedo a perder, sencillamente no arriesgarás nada y no recibirás nada a cambio.

La vida también se parece a un inmenso campo en el que cada uno tiene a su disposición tantas parcelas como desee. ¿Cuántas parcelas quieres sembrar? Una, dos, diez, cien, mil... Si tú siembras muchas parcelas de perseverancia y amor, y te ocupas de regar la tierra y darle los cuidados que necesita, recogerás mucho.

«Pedid y se os dará, llamad y se os abrirá.»

Mateo, 7, 7

«Cada uno recoge lo que siembra.»

Buda

Si tú a la vida le das manzanas, la vida te dará manzanas.

¿De qué depende recibir más o menos?

En primer lugar, depende del **valor que te asignes a ti mismo**. En función de eso, tendrás el valor o no de invertir.

En segundo lugar, cuando creas en ti, **emprenderás las acciones necesarias**, independientemente del miedo que te dé, de lo inseguro que te sientas y de lo que te digan los demás.

Y, en tercer lugar, alcanzar lo que amas dependerá de tu **perseverancia**. La mayoría de las personas se desaniman y se rinden ante las primeras dificultades. Precisamente, porque no creen en sí mismas.

Según este orden, nuestros errores suelen ser una baja autoestima, el miedo y las prisas. Los grandes emprendedores e inversores saben muy bien que una gran inversión necesita su tiempo y su dedicación. Los grandes inversores saben que la primera inversión que han de realizar es en sí mismos.

TU MENTE ES EL MEJOR VALOR EN EL QUE PUEDES INVERTIR

Ésta es la clave de todo. Y esa clave está en ti, no en las circunstancias ni en el mundo exterior.

Las **decisiones** que **tomamos** con **valor** y **con amor, serán recompensadas en función del valor que te des a ti mismo.**

Aunque nunca se sabe por medio de qué canal serán recompensadas. A veces esperamos que determinadas personas nos compensen y nos den lo que nosotros nos merecemos y ansiamos, y no siempre esas personas nos dan lo que esperamos. A veces porque no es el momento oportuno y otras veces porque esas personas no tienen lo que les estamos pidiendo.

Cuando descubrí mi propósito de vida y mi verdadera vocación, apenas tenía dinero ahorrado. Pero tenía tan claro el camino que se acababa de abrir ante mí que lo dejé todo. Dejé mi trabajo y decidí volver a España para formarme como entrenadora de la mente y las emociones, y poder trabajar en lo que amo, ayudando a las personas a creer en sí mismas, guiándolas a través de su mente para que descubran su verdadero potencial.

Desde que empecé a aplicar en mi vida los principios que hoy enseño, la vida no ha cesado de mostrarme que, cada vez que pedimos algo, el universo, Dios o la vida busca la forma de entregártelo.

Tú sólo tienes que pedir y confiar en que lo recibirás. En el momento en que dejes de dudar, cuando menos te lo esperes. **Todo llega. Pide, cree, actúa** con **desapego** al **resultado.** Baja el nivel de importancia, disfruta de tu vida. Cuando entiendas, cuando compruebes que esto es cierto, descubrirás que preocuparse no tiene sentido, porque todo llega cuando te ocupas, cuando confías, actúas y disfrutas.

Nada sucede por casualidad. La cadena es sencilla. **Si tú crees en ti** y **eres consciente de tu valor**, seguirás tu **intuición** y **emprenderás una serie de acciones** que con el **tiempo** y **perseverancia darán su fruto.**

Si tú no te valoras, ¿cómo esperas que lo hagan los demás?

Ahora me valoro mucho, muchísimo, y confío plenamente en mí y en que la vida me da todo lo que necesito en todo momento. Pero no siempre fue así. Yo antes era una persona muy insegura. Delegaba constantemente mi poder.

LA IMPORTANCIA DE CREER EN UNO MISMO

Cuando yo estaba con el proyecto fin de carrera (PFC) de Arquitectura, me parecía algo inalcanzable de acabar. No tenía ni idea de cómo lo iba a conseguir. Sin embargo, cuando mi mejor amiga de la universidad entregó su PFC, pude ver de cerca cómo se hacía. Porque entre nuestro grupo de amigas, cada vez que una de nosotras quería entregarlo, nos ayudábamos unas a otras.

Y al ver en qué consistía y que ella había podido hacerlo, pensé: «Si ella pudo, yo también puedo hacerlo».

Sin embargo, enseguida dudé. Estuve a punto de echarme atrás, pero entonces vi que mis amigas lo tenían muy claro, que yo podía entregar mi PFC en la siguiente convocatoria. Yo no lo creía, pero ellas sí. Me apoyé en su creencia y en un mes entregué.

Esa sensación me acompañó muchos años. Veía que las personas creían en mí y en mi capacidad, incluso sin ser yo consciente de ello. Simplemente confiaba en ellas y lo hacía.

El problema era la otra cara de la moneda. Cuando alguien muy importante para mí dudaba de que yo pudiera conseguir algo. El miedo y la inseguridad se apoderaban de mí y al final acababa perdiendo lo que quería conseguir.

Durante muchos años entregué mi poder a las personas en las que yo confiaba, porque no creía en mí.

Hubo años en los que yo me sentía tan insegura que no tomaba ninguna decisión sin consultarlo con mi hermana (más joven que yo). Le entregué toda la responsabilidad. Ésa ha sido la mayor relación de dependencia que he tenido. Y sólo con el tiempo entendí el enorme peso que cargué sobre ella.

¿Qué pasó? Que cuando quise recuperar ese poder, asumir mi responsabilidad y empezar a vivir mi propia vida, no sabía, y mi hermana tampoco. Inconscientemente, ella siguió con el rol de intentar protegerme. Porque era lo que yo le había delegado durante tantos años.

Somos responsables de todo lo que nos sucede. Tanto si ejercemos la responsabilidad abiertamente como si la delegamos.

Lo que ves es el resultado de lo que no ves.

¿TE GUSTARÍA SABER CUÁNTO REALMENTE TE AMAS?

1. ¿Celebras tus éxitos?
a) Sí.   b) No.

2. ¿Te enojas contigo cuando te equivocas o metes la pata?
a) Sí.   b) No.

3. ¿Te estás exigiendo y reprochando cosas constantemente?
a) Sí.   b) No.

4. ¿Quieres ser perfecto o te permites equivocarte?
a) Quiero ser perfecto.   b) Me permito equivocarme.

5. ¿Necesitas constantemente tener razón?
a) Sí.   b) No.

6. Cuando otros opinan de forma diferente, ¿te sientes enriquecido por su opinión o te sientes herido?
a) Enriquecido.   b) Herido.

7. ¿Necesitas constantemente que tu pareja o tus seres queridos te demuestren y te digan que te quieren?
a) Sí.   b) No.

8. ¿Cuánto tiempo reservas al día sólo para ti?
a) Menos de 30 minutos al día.   b) Más de 30 minutos al día.

9. ¿Qué opinas de ti cuando te miras al espejo?
a) Evito los espejos, no me gusta mirarme.
b) ¡Me siento genial! Me encantan los espejos.

10. Le cuentas a un amigo algo importante para ti y no está de acuerdo contigo. ¿A qué opinión das más poder, a la suya o a la tuya?
a) A la mía.   b) A la suya.

Encontrarás el resultado al final del capítulo.

LA FE EN TI SE CONSOLIDA CUANDO PARECE QUE LAS PERSONAS IMPORTANTES PARA TI SE ALEJAN Y NO OBSTANTE TÚ SIGUES ADELANTE, CREYENDO EN TI.

En la vida **todo** es cuestión de prioridades. ¡Nos quejamos de todo! De cómo nos va, pero ¿cuánto tiempo te dedicas a ti? ¿Cuánto tiempo y dinero inviertes en tu crecimiento personal? ¿En tener una alimentación sana? ¿En disfrutar? ¿En hacer deporte? ¿En leer un libro que te ayude a mejorar tu calidad de vida?

Todo se genera de dentro afuera y no al revés. No somos víctimas de las situaciones. Somos generadores y responsables de nuestras vidas.

Si te dieras cuenta de cuán poderosos son tus pensamientos, tratarías siempre de ver el lado positivo de todo lo que te pasa.

Si supieras que todo lo que andas buscando fuera lo tienes dentro de ti, dejarías de buscar la aprobación y el reconocimiento de los demás a todas horas.

Si fueras consciente de que no estás solo en ningún momento, que no hay nada que temer, que formas parte de un plan divino y que el universo te apoya en todo momento, respondiendo a cada una de tus peticiones, empezarías a vivir tu vida de otra manera.

Si descubrieras el amor tan grande y el potencial tan inmenso que reside dentro de ti, la vida entera empezaría a resultarte infinitamente más fácil.

Cuando empiezas a ser consciente de todo esto, cuando sanas la relación que tienes con la persona más importante de tu vida, tú mismo, cuando te aceptas, te perdonas y te amas, empiezan a sucederte cosas maravillosas y empiezas a vivir una vida extraordinaria.

Cuando dejas de dudar, empiezas a atraer el cambio, que surge siempre de dentro hacia fuera.

Hemos tenido y tenemos la inmensa suerte de estar viviendo en un momento de transformaciones profundas. Nos ha tocado a nosotros la responsabilidad de transformar el estilo de vida que hasta ahora hemos llevado y empezar a ser conscientes de que este sistema no es sostenible por más tiempo.

Gracias a todo lo que está sucediendo ahí fuera, mucha gente ya es consciente de que este sistema económico no es sostenible. Hemos de cambiar la conciencia. Y ese cambio no va a venir desde arriba, va a surgir desde el interior de uno mismo. Y se va a extender con el ejemplo.

El mundo no sólo necesita una educación en valores, sino que además necesita que a las personas con valores se las eduque en el liderazgo y en la capacitación, para que cuando lleguen arriba colaboren con la transformación del curso de la historia, y todos juntos nos dirijamos hacia un sistema sostenible para el planeta y para nosotros.

Por eso a mí me hace inmensamente feliz estar viviendo precisamente en este momento. Poder participar en esta misión. Nunca había sido tan consciente de la inmensa suerte, del inmenso regalo que supone estar viva aquí y ahora.

«Cuando brillas con tu propio color,
te encuentran aquellos que te buscan.
¿Has visto alguna vez a una flor envidiar el color
de la flor de al lado? Que siempre ha sido blanca y se
siente no apreciada porque un ser humano ha dicho
que este verano el color de moda es el pistacho.
Si te disfrazas de otra cosa, cuando vengan los
insectos a polinizarte para extender tu belleza,
no te van a reconocer.
En cambio, si tú eres una flor, estás brillando en tu
color, estás viviendo tu esencia, entonces vendrá a ti
todo lo que necesitas para que la vida se manifieste
en todas sus formas.
El abejorro que venga a polinizarte te dirá: "No
tienes que moverte, no tienes que hacer nada, tú sé
tú, que yo vendré a ti a extender tu belleza".»

Sergi Torres

En esencia, éste es el **secreto** de la **vida**.
Nada más atractivo que la autenticidad. Cada uno de nosotros somos únicos e irrepetibles. Descubre tu esencia, tus pasiones, tus talentos y disfruta lo que eres.

LA AUTENTICIDAD NO CONOCE COMPETENCIA

Al poco tiempo de empezar a prepararme para ser *coach*, alguien me preguntó: «¿Tú también?».

Durante una temporada me sentí un poco abrumada por la idea de toda la competencia que iba a encontrar. Es normal, el desconocimiento genera miedo. Y, por suerte, el conocimiento genera confianza.

Un par de meses después entendí que, si todas las personas somos únicas e irrepetibles, si cada uno de nosotros tenemos unos talentos determinados y una vocación en esta vida, ten por seguro que nadie hará las cosas exactamente como tú.

«Casi todo lo que hagas en tu vida será insignificante, pero es muy importante que lo hagas. Porque nadie más lo hará.»

Gandhi

Yo creo que nunca ha habido ni habrá nadie como **tú**. No hay nadie exactamente con los mismos dones, con las mismas aspiraciones que tú, que haga las cosas exactamente igual que tú y, en definitiva, no hay nadie que sea como tú. Creo que en el mosaico de la creación no hay piezas de más. Cada uno de nosotros somos únicos.

Por eso, la primera pregunta sería descubrir quién eres tú. Y no me refiero a todo lo que has heredado, sino a descubrir qué es lo que te apasiona, qué es lo que haces realmente bien, cuáles son tus sueños, tus talentos, tus habilidades. ¿Qué es lo que realmente te hace feliz?

Somos personas altamente influenciables, primero por nuestros padres, después por nuestros amigos, luego por nuestras parejas, compañeros de trabajo, etc. Y vamos heredando y adoptando actitudes, la mayoría de las veces inconscientemente, de las personas con las que compartimos la mayor parte de nuestro tiempo, haciendo a veces, incluso, cosas que no nos gustan, por agradar a los demás. Y por esa razón a veces no somos felices con la vida que tenemos. Tal vez porque no nos hemos dedicado el tiempo necesario para conocernos a nosotros mismos y saber qué es lo que realmente nos hace felices y qué es lo que realmente queremos.

Y una vez que ya sabes quién eres tú, qué es lo que te hace feliz, cuáles son tus talentos y qué es lo que quieres conseguir, el siguiente paso es convertirte en la persona que has venido a ser.

Porque para alcanzar lo que quieres, primero tienes que convertirte en la persona capaz de sostener el sueño que quieres vivir. De hecho, verás realizados tus sueños en la medida que crezcas tú. Cuanto más crezcas, mayor será la abundancia que recibas en tu vida. Grandes sueños requieren grandes personas.

Cuando te encuentres contigo mismo, descubras quién eres, para qué estás aquí, tu vocación, tus dones, lo que realmente te hace feliz, hagas lo que has venido a hacer y ocupes el lugar que te corresponde, no encontrarás competencia.

La competencia aparece cuando te conviertes en la copia de alguien. Porque, como dijo **Oscar Wilde, «sé tú mismo, los demás puestos ya están ocupados»**.

Encuentra tu **autenticidad**, tu **esencia**; sin lugar a dudas, ése **es** tu mayor **atractivo**. Desarrolla tu verdadero potencial y nada ni nadie podrá detenerte.

Y ése es uno de los problemas del sistema educativo actual, se «fabrica» todo en serie. Yo hablo de lo que conozco. En la Escuela de Arquitectura en la que yo estudié, fabricaban arquitectos en serie. Recién acabada la carrera, la mayoría éramos copias unos de otros. Sin embargo, a lo largo de su carrera profesional el buen arquitecto encuentra su identidad, su estilo, sus ideales, y no habrá nadie que dibuje, que proyecte y que construya la casa de sus sueños como él.

Nunca hubo ni habrá un arquitecto como Antoni Gaudí, como Le Corbusier, como Oscar Niemeyer, como tampoco hubo ni habrá nadie como tú. Tú eres el arquitecto de tu vida.

En mi opinión, otra de las razones por las que nuestro sistema actual se ha colapsado es porque cuando yo iba al colegio se difundieron dos grandes mentiras: una que sólo los listos iban a la universidad; la otra que sólo los que iban a la universidad podrían ganar altos sueldos. Mentiras, sólo eran mentiras que atentaban contra la motivación y la creatividad de las personas.

¿Qué pasó? Que las universidades se pusieron de moda y colapsaron el mercado laboral. Empezaron a formarse universitarios en serie. El tercer gran error, en mi opinión, es que en la escuela no nos enseñaron a descubrir nuestros talentos ni a potenciarlos, ni lo que realmente nos hacía felices.

Como muchas otras personas, cuando yo tenía 17 años no sabía cuáles eran mis talentos ni cuál era mi mayor vocación. Por eso, si con 18 años nos ponemos a estudiar (y me incluyo) sin tener clara cuál es nuestra vocación, acertar con la carrera o la profesión que has elegido es como ganarte la lotería.

Además de todo esto, creo que el ser humano, como parte de la naturaleza, obedece a un orden perfecto. Nadie está aquí por casualidad. Pero si formamos más arquitectos, más médicos, más ingenieros, más profesores de los que realmente están llamados a serlo, es normal que se nos caiga el «ecosistema». ¿Por qué? Porque no somos productos en serie. Somos seres únicos.

Por todo esto, una vez que descubres quién eres y conectas con tu esencia, con tus talentos, con tu vocación, empiezas a hacer aquello que has venido a hacer y pones tus talentos al servicio de la humanidad, empiezan a producirse un sinfín de sincronicidades y todo lo que has sembrado empieza a dar sus frutos. No es magia, es nuestra naturaleza.

Puedes más de lo que te imaginas.
Vales más de lo que crees.

QUERERSE A UNO MISMO

Durante muchos años mis relaciones de pareja fueron un desastre.

Yo no entendía por qué. Era consciente de que era una persona muy valiosa y de que era atractiva.

Por alguna razón subconsciente sabía que era capaz de atraer al chico que quisiera. Y de hecho siempre lo conseguía.

El problema venía después. Apenas empezaba a conocer a alguien, todo se desvanecía. Literalmente, la sensación era que se me escapaba de las manos.

Yo siempre he visto enseguida lo bueno de cada persona. El hecho de tener muy desarrollada la sensibilidad me permite conectar a un nivel más profundo con las personas y ver cosas que muchas veces ni ellos mismos pueden ver. Ese don es muy bueno para el trabajo que realizo ahora mismo. Sin embargo, antes de aprender a usar ese don, me causó muchos dolores.

Yo veía lo bueno en los demás y enseguida empezaba a quererlos. Era capaz de ver sus dones, su potencial y, sin embargo, no era capaz de ver los míos.

Mis amigas durante años me repetían: «Rut, tienes que quererte a ti misma». Estaba harta de que me dijeran siempre lo mismo. Yo creía que me quería, cuando en realidad no lo hacía. Pero, claro, eso no lo sabía.

Entonces empecé a preguntar: «¿Y cómo se hace eso?». Pero nadie supo explicármelo hasta que años más tarde conocí a Laín. Entonces empecé a entender lo que eso significaba.

Y a partir de ahí mi vida entera empezó a cambiar.

¿QUÉ ES QUERERSE?
¿CÓMO SE HACE ESO?

1. Quererse es **reconocerse único**. Ser consciente de que no hay nadie como **tú**. Quererse es reconocer tu valor. Reconocer los dones que se te han dado. **Tú** no eres ni más ni menos que nadie. Eres grandioso. Todos lo somos en potencia. Unos lo descubren y lo desarrollan, otros no son conscientes. Pero en todos reside esa grandeza.

2. Quererse es **dirigirse a uno mismo siempre con cariño**. Quererse es cuidar el diálogo interior. Quererse es aceptarse. Ser sincero con uno mismo. Reconocer y aceptar lo maravilloso y lo no tan bello que hay en ti.

3. Recupera tu poder. Quererse es dar más valor a tu opinión que a la de los demás. Quererse es no permitir que las palabras de los demás te hieran. Quererse es dar más poder a lo que es más importante para ti. Nadie puede saber por ti porque nadie está dentro de ti.

4. Quererse es **ser comprensivo con uno mismo**. Quererse es no juzgarse. Quererse es perdonarse y ser paciente con uno mismo y con sus procesos. Darte lo que necesitas en cada momento.

5. Prioriza. Quererse es tener claro que **tú eres la persona más importante de tu vida**. Más que tu hijo, más que tu pareja, más que tus padres. Porque en el momento en que tú te abandones, sentirás la pérdida y buscarás en los demás lo que tú te estás negando a ti mismo. Cuando tú no te das a ti mismo lo que necesitas, empiezas a generar relaciones de dependencia con tus hijos, con tu pareja, con tus padres o con tus amigos. En el momento que colocas a los demás antes que a ti, estás creando un vacío dentro de ti, estás desatendiendo un área de ti mismo que nadie va a llenar por ti.

6. Quererse es **dedicar un poco de tiempo cada día para ti**. Para hacer algo que amas, que te relaja, con lo que disfrutas. Reserva un espacio para ti.

7. Quererse es **creer en ti**. Creer en ti es seguir adelante pase lo que pase. Reconocer tu divinidad y tu propósito. Tú has sido creado a imagen y semejanza de Dios. Dios te lo da todo cada día. **Cree en ti**, especialmente cuando todo a tu alrededor se tambalea. Porque cuando crees en ti, refuerzas tu estructura y transmites esa estabilidad a lo que te rodea.

8. Quererse es alimentarse bien, física y espiritualmente.

9. Quererse es rodearse de personas buenas para ti, de un ambiente nutritivo para ti. De personas que te valoran, te apoyan en tus decisiones y potencian tu crecimiento personal y profesional.

10. Quererse es perseverar en lo que amas. Prohibido rendirse.

11. Quererse es ser asertivo. Si no es bueno para ti, no es bueno para los demás. Aprende a decir «no» sin sentirte culpable.

12. Reclama lo que es tuyo. Reconoce lo que es tuyo.

¿DE DÓNDE PROCEDE LA BAJA AUTOESTIMA?

La baja autoestima proviene de haber escuchado muchas más veces la palabra *no* que la palabra *sí*.

Viene de haber escuchado muchas más veces «lo estás haciendo mal» en lugar de «lo estás haciendo bien».

Viene de haber escuchado más «eres tonto» en lugar de «eres impresionante», «eres grande», **«eres muy valioso»**.

Todos, cuando estamos creciendo y forjando nuestra estructura emocional, necesitamos que nos enseñen lo valiosos que somos y ser reconocidos.

Si hasta ahora no lo has recibido, no te preocupes, porque a partir de ahora ya sabes qué es lo que te tienes que decir a ti mismo. Tu mente es enormemente plástica, está preparada para cambiar.

Todo lo que has aprendido o has grabado en tu mente ha sido a base de repetición y alto impacto emocional. Y eso es exactamente lo que tienes que hacer para cambiar la imagen que tienes de ti. Repítete cada día lo maravilloso y precioso que eres, y ésa será la idea que forjes de ti.

Nunca es tarde para cambiar. Nunca es tarde para amarse. Nunca es tarde para **creer en ti**.

¿QUIÉN DETERMINA TU VALOR?

Me gusta mucho cómo lo explica T. Harv Eker: «¿Te imaginas a Dios poniendo un sello en la frente a cada persona a medida que fuese llegando al mundo? Valioso, no valioso, valioso, no valioso, valioso, uf...; definitivamente no valioso».

¡No tiene ningún sentido! A todos se nos dio exactamente el mismo poder, la capacidad de llegar a ser quienes hemos venido a ser y a dar lo que hemos venido a dar.

Nadie puede determinar el valor de nadie. Sólo tú puedes determinar tu propio valor. Y en función del valor que te asignes a ti mismo, así te comportarás.

De la misma forma que en tu cuerpo no hay órganos de más, en el mosaico de la creación no hay piezas de más. Cada uno tiene algo que aportar. Cada uno tiene una función, unos dones y una esencia única. Si tú no crees en ti, en los dones que se te han dado para desempeñar tu función, tu parte quedará sin hacer. Y no sólo eso, sino que desatendiendo tu misión estás dificultando la tarea a los que vienen detrás de ti.

«Todo ser humano equivale a una célula colosal.»

Bruce H. Lipton

El mundo es como un gigantesco ser humano. Cada uno tiene una función que desempeñar, al igual que en el ser humano cada célula tiene un papel que desempeñar.

Si las células del riñón o de los pulmones dejaran de funcionar porque no se creen importantes y no creen en su valor, y ese efecto empieza a contagiarse de unas células a otras, imagínate qué caos puede desatarse. Sabes perfectamente lo que pasa cuando un riñón o un pulmón dejan de funcionar. Las consecuencias pueden ser desastrosas.

Eso es exactamente lo que está pasando en el mundo. Hay muchas personas que no creen en sí mismas y están paralizadas por el miedo o por la falta de fe en sí mismas, están contagiando a las que tienen a su alrededor y están paralizando la evolución del planeta.

¡Sí! Por eso es tan importante que empieces a creer en ti mismo y descubras tu propósito, reconozcas tus dones y empieces a ponerlos al servicio de la humanidad.

Ésa es la verdadera crisis que tenemos que superar. Así que deja de buscar culpables y empieza a asumir la responsabilidad y el poder que se te ha concedido para llevar a cabo tu misión.

Uno de los errores más habituales es precisamente buscar constantemente la aprobación de los demás, dudar de ti y pensar que estás haciendo las cosas mal.

ERRORES MÁS COMUNES

1. Dudar de ti. La inseguridad. Si dudas de ti, ¿vas a darle ese poder a otra persona fuera de ti? **Lo tienes todo**. Si necesitas ayuda, pídesela a un profesional que te enseñe a confiar en ti mismo. Y recupera tu poder.

2. Pensar que lo estás haciendo mal. ¿Qué te dice tu diálogo interior? ¿Qué te dices a ti mismo cuando haces algo? Incluso cuando hagas algo nuevo, no estés tan pendiente de si lo estarás haciendo bien o mal. Equivocarse no es tan importante. No es nada malo. Al contrario, no hay error, todo es aprendizaje. Sin embargo, si le das mucha importancia al hecho de equivocarte, esto traerá consecuencias negativas sobre tu estado de ánimo y en general sobre tu día a día.

3. Tener altos niveles de exigencia con uno mismo. Está bien exigirse y superarse, pero atento: tu nivel de satisfacción contigo mismo debe ser mayor que el de exigencia. Simplemente observa cómo te sientes. Si te sientes bien y motivado, sigue así. Si sientes que tus propias expectativas te ahogan, suelta.

4. No perdonarse. Si no te perdonas a ti mismo, difícilmente podrás perdonar a los demás. Los sentimientos de culpa son uno de los mayores bloqueos internos. Perdónate, acéptate con tu cara A y tu cara B. Recuerda que todo es dual. Sin lo uno no existiría lo otro. Reconócete grandioso con todo lo bueno y lo no tan bueno de ti.

Resultado del test

1. a) 1; b) 0.   **2.** a) 0; b) 1.
3. a) 0; b) 1.   **4.** a) 0; b) 1.
5. a) 0; b) 1.   **6.** a) 1; b) 0.
7. a) 0; b) 1.   **8.** a) 0; b) 1.
9. a) 0; b) 1.   **10.** a) 1; b) 0.

Suma los resultados obtenidos. Si la suma es inferior a 7, recuérdate cada día lo maravilloso que eres y da gracias por todos los dones que has recibido. Si la suma es superior a 7, recuérdate lo maravilloso que eres una vez a la semana y da gracias por los dones recibidos.

EL PODER SANADOR
DE LA MENTE

EL CUERPO COMO MENSAJERO.
MENTE, EMOCIONES Y SALUD

«SOMOS LOS ÚNICOS SERES QUE PODEMOS CAMBIAR NUESTRA BIOLOGÍA CON NUESTRO PENSAMIENTO.»

Albert Einstein

Siete años antes de escribir este libro, un médico me dijo que tenía que operarme porque corría un riesgo grande de contraer un cáncer. Decidí operarme e hice el preoperatorio. Pocos días antes de la intervención me recibió la doctora que me iba a operar y me dijo que acababan de cambiar la máquina láser del quirófano y que ella no sabía usar la nueva. Por esa razón había pasado todas sus intervenciones a un colega suyo que trabajaba en el mismo hospital. Le trasladó mi caso y a los pocos días me recibió en su consulta.

Cuando estaba allí, miró mi preoperatorio y me preguntó:

—Y usted, ¿por qué se quiere operar?

¿Puedes imaginarte qué cara se me quedó al oír esa pregunta?

—¿Cómo? Perdone que no entienda la pregunta. No es que yo me quiera operar, es que a mí me han dicho que si no me opero corro un riesgo muy alto de contraer un cáncer.

Entonces fue él quien dijo:

—¿Por qué? ¿Quién le ha dicho eso?

Le expliqué la historia y me dijo algo que cambió mi salud a partir de ese momento.

«Rut, la naturaleza es muy sabia. Confía en que tu cuerpo siempre tratará de resolver cualquier ataque o cualquier conflicto».

Ese día, cuando salí de su consulta, era otra persona completamente diferente. Me sentí inmensamente feliz y liberada.

Por aquel entonces yo estaba pasando una mala época y llevaba cuatro meses tratándome por depresión. A partir de ese momento, la depresión desapareció. El *shock* por tener que operarme me sacó de ese estado y me devolvió a la vida.

Desde entonces fortalecí ese pensamiento. Mi cuerpo es muy inteligente y es capaz de contrarrestar, vencer o superar cualquier ataque o conflicto.

*«Estamos hechos a imagen y semejanza de Dios
y es necesario que volvamos a introducir
el espíritu en la ecuación si queremos mejorar nuestra
salud mental y física.»*

Bruce H. Lipton

Y a medida que este pensamiento se hacía fuerte en mi mente, tomé conciencia de que, por muy inteligente que fuera mi cuerpo, yo tenía que ayudarlo. Si quieres que alguien gane, hay que apoyarle.

Poco a poco fui cambiando mis hábitos. En junio de 2010, dejé de fumar y empecé a hacer deporte tres o cuatro veces por semana. Fui cambiando mi alimentación poco a poco, apostando por una dieta principalmente vegetariana, comiendo alimentos lo más naturales posible, evitando comida chatarra y pan dulce industrial.

¿Quieren saber cuál es el resultado de todo esto? Los resultados son maravillosos. Llevo años gozando de una salud estupenda y cada día doy gracias por ella. Doy gracias a la vida y doy las gracias a mi cuerpo por ocuparse de que yo esté sana y llena de vitalidad. Sigo profundizando en el tema y leyendo libros para ayudar a mi cuerpo.

Imagina que tú eres el director de una gran empresa, con millones de células que trabajan cada día para ti. Cada una de esas células escucha lo que tú dices, lo que tú piensas. Por eso es muy importante que pongas atención a tu diálogo interior.

Piensa que eres el entrenador de un equipo olímpico y que el rendimiento de cada una de las personas de ese equipo depende en gran medida de lo que tú les transmitas. En función de tu estado de ánimo, de los pensamientos que frecuentan tu mente y, sobre todo, del amor con el que te trates, tu cuerpo reaccionará de una manera o de otra.

He visto curarse a muchas personas; he visto caminar a personas a las que les habían dicho que no iban a volver a andar en su vida; he visto superar enfermedades a personas a las que les habían dado pocos meses de vida. He visto cómo las personas superan los pronósticos de vida que les dan los médicos.

Al padre de una amiga le dieron tres meses y vivió más de diez años. Conozco a varias personas que se han curado cuando han comprendido aquello que su cuerpo trataba de enseñarles y han realizado un cambio en su forma de pensar, de alimentarse, de relacionarse y a la práctica diaria del yoga y la meditación. No es magia, es el poder sanador de la mente, del amor, de la fe y la motivación.

¿Y saben por qué se curaron? Porque nunca creyeron lo que les dijeron los médicos. Siempre creyeron en su capacidad para sanar y en sus ganas de vivir. E hicieron todo lo necesario para amar, apoyar y ayudar a su cuerpo.

No obstante, no se puede generalizar porque cada caso es único, ya que el propósito de vida de cada persona es único. Pero los milagros existen.

Cada vez son más los médicos que trabajan de forma holística, no sólo se interesan por el cuerpo físico, sino que buscan las raíces emocionales y mentales de esa enfermedad. Y saben que un medicamento te puede ayudar a reducir los síntomas de una enfermedad, pero el que tiene la capacidad de curarse eres tú, cuando cambias tus hábitos mentales, emocionales y físicos.

TÚ TIENES LA CAPACIDAD DE SANAR TU VIDA

El amor, el perdón, la gratitud y la confianza son piezas claves en la sanación. Son los que te curan.

Por eso, trata a tu cuerpo con amor y dale las gracias por todo lo que hace por ti. Agradece también a Dios, a la vida o a quien creas que tienes que darle las gracias, porque esa gratitud que tú muestras volverá a tu vida multiplicada.

El problema es que no somos conscientes de todo lo que tenemos hasta que lo perdemos. Las personas andan siempre preocupadas por lo que no tienen y se olvidan de dar gracias por lo que tienen.

Y no somos conscientes de las consecuencias que ciertos pensamientos, hábitos y la represión de ciertas emociones provocan en nuestro cuerpo. Alimentar cierto tipo de creencias (creer en determinados pensamientos) repercute directamente en nuestra salud.

Si tú estás convencido de que alguien te va a contagiar su gripa o su catarro, no te quepa ninguna duda de que lo tendrás. Lo tengo comprobado.

Cada vez que oigo a alguien decir: «Mi chico está con gripa y sé que luego voy yo, porque siempre que se enferma, me lo acaba contagiando», a los pocos días esa persona está en cama. Y por experiencia también tengo comprobado que cuando estás convencido de que tu cuerpo es lo suficientemente fuerte y sabio para protegerte de cualquier ataque, te protegerá. El poder de tus pensamientos es mucho mayor de lo que puedes imaginar.

«Los organismos vivos deben recibir e interpretar señales ambientales para permanecer con vida. La velocidad de las señales electromagnéticas es de unos trescientos mil kilómetros por segundo, mientras que la velocidad de difusión de una sustancia química se reduce a bastante menos de un centímetro por segundo [...]. ¿Qué tipo de señal preferirán los cincuenta billones de células que forman tu cuerpo? ¡Haz cálculos!»

Bruce H. Lipton
Biología de la creencia

EL EFECTO PLACEBO

En 2002, la revista *New England Journal of Medicine* publicó un estudio realizado en la Facultad de Medicina de Baylor, en el que se evaluó la eficacia del efecto placebo en la cirugía en pacientes con artritis de rodilla.

El autor principal del estudio, el doctor Bruce Moseley, no creía que el efecto placebo funcionara en la cirugía. Sin embargo, Moseley quería averiguar qué parte de la cirugía provocaba la mejora en los pacientes.

Para el estudio se dividió a los pacientes en tres grupos.

A los pacientes del primer grupo, Moseley les rebajó el cartílago.

A los del segundo grupo, les limpió la articulación de la rodilla para eliminar cualquier material que pudiera estar causando la respuesta inflamatoria. Estos dos tratamientos constituyen el tratamiento estándar para la artritis de rodilla.

El tercer grupo recibió una «falsa» cirugía. Una vez que el paciente estaba sedado, Moseley hacía las tres incisiones de rigor y después hablaba y actuaba como solía hacerlo durante las intervenciones quirúrgicas reales.

Tras cuarenta minutos, Moseley cosía las incisiones como si de verdad hubiera llevado a cabo la operación. Se administraron los mismos cuidados postoperatorios, que incluían un programa de ejercicios, a los tres grupos.

Los resultados fueron sorprendentes. Los tres grupos mejoraron por igual. ¡Tanto los que se sometieron a la cirugía real como el grupo al que no le había hecho nada! ¡Fue increíble!

Los pacientes del grupo placebo no descubrieron que habían recibido una falsa cirugía hasta dos años después.

Una de las personas del grupo placebo, Tim Pérez, pasó de caminar con la ayuda de un bastón, antes de la operación, a jugar basquetbol con sus nietos después de llevarse a cabo este estudio. Este hombre declaró para el Discovery Health Channel:

«Todo es posible en este mundo cuando te convences de ello. Sé que la mente puede obrar milagros».

PROGRAMACIÓN PARA EL ÉXITO

TU VIDA SE MERECE UN DIEZ.
REPROGRAMACIÓN DEL GPS.
GESTIÓN DEL CAMBIO

«NUESTRO MIEDO MÁS PROFUNDO NO ES QUE SEAMOS INADECUADOS. NUESTRO MIEDO MÁS PROFUNDO ES QUE SOMOS PODEROSOS, MÁS ALLÁ DE TODA MEDIDA. ES NUESTRA LUZ, NO NUESTRA OSCURIDAD, LO QUE NOS ASUSTA. NOS PREGUNTAMOS: "¿QUIÉN SOY YO PARA SER BRILLANTE, FANTÁSTICO, INTELIGENTE, FABULOSO?". EN REALIDAD, ¿QUIÉN ERES TÚ PARA NO SERLO? ERES HIJO DE DIOS. TUS PAPELES INSIGNIFICANTES NO LE SIRVEN AL MUNDO PARA NADA. REDUCIRSE PARA QUE LOS DEMÁS NO SIENTAN INSEGURIDAD HACIA TI NO ES NINGÚN SIGNO DE INTELIGENCIA. NACEMOS PARA MANIFESTAR LA GLORIA DE DIOS, QUE SE ENCUENTRA EN NUESTRO INTERIOR. NO SOMOS SÓLO ALGUNOS; ES TODO EL MUNDO. Y EN CUANTO MANIFESTAMOS EL BRILLO DE NUESTRA PROPIA LUZ, PERMITIMOS A LOS DEMÁS HACER LO MISMO. EN CUANTO NOS LIBERAMOS DE NUESTRO MIEDO, NUESTRA PRESENCIA LIBERA AUTOMÁTICAMENTE A LOS DEMÁS.»

Marianne Williamson
Maestra espiritual, escritora y conferenciante

Durante mucho tiempo pensé que lo que asustaba a las personas era el miedo al fracaso. Durante mucho tiempo pensé que eso era lo que me frenaba a mí.

Sin embargo, justo cuando empecé a escribir este libro comprobé que no era el miedo al fracaso mi miedo más profundo, sino el miedo al éxito.

Hasta ese momento, conocía la cita de Marianne Williamson pero no terminaba de entenderla.

¿Por qué va a tener miedo a brillar una persona?

En mi opinión, influyen principalmente dos factores.

Una vez más, el primer factor es la programación. Es decir, la educación que has recibido a lo largo de tu vida y especialmente en la infancia.

Y el segundo factor es: **¿hay algo que temes perder si consigues el éxito en tu vida?**

PROGRAMACIÓN SUBCONSCIENTE

«Si nuestra mente subconsciente fuese programada con comportamientos saludables, tendríamos éxito en nuestras vidas sin ni siquiera proponérnoslo.»

Rob M. Williams

Empresario, psicólogo y creador de PSYCH-K®

¿Conoces el caso de Dong Nguyen, el joven vietnamita de veintinueve años que creó un juego en dos horas y en pocas semanas se convirtió en el más descargado para Apple y Android?

Su juego, *Flappy Bird*, llegó a generar más de cincuenta mil dólares americanos al día gracias a la publicidad. Y pocas semanas después el autor decidió retirar el juego del mercado porque no soportaba la situación.

¿Por qué Dong Nguyen no fue capaz de soportar esa situación? ¿O esos beneficios?

Llamativo, ¿no?

Éste es un buen ejemplo para ver que, si no estás programado para ser millonario o para tener éxito en tu negocio, en el momento en que empieces a conseguirlo te vas a autosabotear.

Según T. Harv Eker y las teorías de Bruce H. Lipton y Rob Williams, **si tú quieres ser millonario y aún no lo eres, es porque todavía tienes creencias negativas sobre el dinero en tu mente**.

¿Qué quiere decir esto? Es muy sencillo.

Si cuando eras un niño te educaron con principios como «los ricos son avaros», «el dinero corrompe a las personas», «los ricos explotan a los pobres» o «ganar dinero es muy difícil», por mucho que te esfuerces en tu vida de adulto en ganar mucho dinero y hacerte rico, te resultará realmente difícil.

Tal y como vimos en el capítulo 4, la misión de nuestra mente subconsciente es protegernos. Su potencia es mil millones de veces superior a la potencia de la mente consciente.

Por esa razón, por mucho que tú pretendas conseguir algo conscientemente, si en tu mente subconsciente hay una contraorden, recuerdas, ¿quién va a ganar?

Por ejemplo, si tú quieres hacerte rico y conservar a tus amigos, pero en tu mente subconsciente existe un archivo que dice «tener éxito = hacerse rico», y otro que dice «hacerse rico = cambiar círculos de amigos, distanciarte de las personas que quieres, atraer interesados, etc.», ten por seguro que tu mente no te va a permitir que pierdas a tus amigos o que te distancies de tus seres queridos.

Para mí es evidente que el joven autor de *Flappy Bird* fue fruto de un autosabotaje de su mente. Si en su mente había creencias negativas asociadas a recibir altas cantidades de dinero o a ser famoso, no pudo evitar renunciar a ese éxito.

Por esa misma razón, está comprobado que 90 % de las personas que ganan la lotería, pasado un tiempo, vuelven a la situación económica anterior o a una peor que cuando ganaron.

Por esa razón, los multimillonarios que quiebran logran recuperarse en poco tiempo como por arte de magia y multiplicar incluso sus ganancias con respecto a la situación anterior.

Todos tenemos una programación acerca del dinero y un termostato económico.

Si tu termostato económico está situado en los dos mil euros, por mucho dinero que ganes o pierdas, tu mente subconsciente siempre va a dirigir tus acciones para mantener ese termostato en esa cantidad o para volver a ella. Tanto si tu termostato está en doscientos euros como si está en 20 millones, ésa es la cantidad que le importa a tu mente. Lo demás le da igual.

We honor the greatness in you.

«Nosotros honramos la grandeza que hay en ti», decía el letrero del hall del colegio A. B. Combs, en Raleigh, Carolina del Norte (Estados Unidos).

Stephen Covey nos habla en su libro *El líder interior* del método de liderazgo que Muriel Summers introdujo en el colegio A. B. Combs.

Desde hace décadas allí educan a los niños desde pequeños para triunfar en la vida. Se los educa en el liderazgo, en la alabanza de las cualidades, en el respeto y en la responsabilidad.

Las paredes del colegio están llenas de carteles motivadores que ensalzan las cualidades y los logros de los niños.

El lenguaje es superimportante. Explica Muriel Summers, la directora del centro:

«Todos los días les decimos que los queremos. Nos concentramos en lo que pueden hacer, no en lo que no pueden hacer. Todos los niños son importantes. Eres una persona importante, tienes muchos dones y mucha capacidad.»

Cada día le asignan a un niño determinadas responsabilidades para que ejerza de líder en su clase. Como, por ejemplo, recibir a todos sus compañeros y dar la bienvenida a las visitas al centro.

Allí trabajan los sueños y las aspiraciones, la esperanza y el desarrollo de la intuición.

Stephen Covey cuenta en su libro que, cuando dos de sus consejeros llegaron al colegio, escucharon a Muriel, la directora, decir por la megafonía: «¡Niños, son maravillosos, ayer hicieron un trabajo fantástico!».

¿Se imaginan cómo pueden salir los niños del colegio después de pasarse ocho horas cada día escuchando esas palabras y trabajando constantemente la motivación?

Precioso, ¿verdad?

Este tema también tiene mucho interés, pero sigamos. Sólo quería mostrarte otras formas de educar.

¿Por qué crees que hay personas a las que parece que sólo les ocurren cosas buenas y a otras les sucede todo lo contrario?

«El éxito es lo que tú atraes por el tipo de persona en el que te conviertes.»

Jim Rohn

Empresario, autor y orador motivacional

Los ingresos que tú recibes cada mes están directamente relacionados con tu filosofía, y no con la economía, como la mayoría de las personas cree.

Por esa razón, si tú quieres elevar tu nivel de prosperidad, no es la economía lo que tienes que cambiar, sino tu filosofía.

No se pueden cambiar los frutos si no cambias lo que alimenta las raíces. Ésta es la base de todo aquello que tú quieres generar en tu vida.

Tenemos los sentidos orientados hacia el exterior, y eso es lo que nos despista. Constantemente nos dejamos influenciar por lo que vemos, oímos y sentimos. Cuando en realidad lo que vemos, oímos y sentimos es sólo el fruto de lo que hemos pensado.

Simplemente mira la naturaleza, mira los árboles, las plantas. Lo que tú ves en el exterior es sólo el resultado de lo que se gesta bajo tierra, en el interior, en las raíces.

Nuestro error es creer que todo lo que vemos en nuestra vida, en el exterior, nos condiciona, cuando en realidad lo que vemos es el fruto de lo que hemos pensado y cosechado.

Cada uno recibe en función de lo que anhela, de lo que se cree capaz y merecedor y, por supuesto, de su nivel de compromiso. No basta con soñar, hay que creerse capaz y merecedor de lo que quieres recibir, comprometerse al ciento por ciento, y emprender todas las acciones que sean necesarias para conseguirlo.

La vida nos ofrece, constantemente, amor y abundancia, regalos y lecciones. Pero, si tú cierras la puerta, se los ofrecerá a la siguiente persona que esté dispuesta a recibirlos.

Las oportunidades son como los amaneceres, si uno no se da prisa, se los pierde.

Si tienes una idea, un sueño, ponte ahora mismo en acción. **No necesitas saberlo todo para empezar**, lo único que necesitas es creértelo y empezar el camino ahora mismo. El **momento** es **ahora**.

Formarse es muy importante, pero, si no pones en práctica lo que has leído, de nada te servirá. Por eso se dice que como realmente se aprende a hacer las cosas es haciéndolas. La teoría por sí sola no va a ningún sitio.

Cada día está lleno de oportunidades, pero no hay dos iguales. Y si tú no emprendes ese sueño, ten por seguro que otro lo hará por ti.

1. Créetelo.
2. Infórmate (pide ayuda).
3. Ponte en camino inmediatamente.
4. Fórmate mientras caminas.

De esta forma irás practicando lo que aprendes al mismo tiempo. Porque, al fin y al cabo, la única forma de aprender realmente es haciendo las cosas, poniendo en práctica lo que hemos leído.

«La verdad es que la mayoría de las personas no alcanzan su máximo potencial. Una gran mayoría no tiene éxito. Un 80 % de las personas jamás conseguirán ser económicamente libres, del modo en que desearían serlo.
Y un 80 % te dirá que no se siente verdaderamente feliz. Hay una razón para ello, ¿sabes cuál? La razón es muy sencilla. La mayoría, en su parte inconsciente, sólo vive en un nivel superficial de la vida. Sólo se basa en lo visible. En aquello que puede ver.»

T. Harv Eker

CREE EN TUS IDEAS.
HISTORIAS DE LA NADA AL ÉXITO

Lo único que diferencia a las personas que han pasado a la historia por sus éxitos es que ellos creyeron en sus ideas, en sus dones y en sus sueños.

Las personas que pongo aquí como ejemplo tienen en común eso. Cada uno conectó con su esencia, con lo que amaba, **creyó en sus sueños y no se detuvo hasta verlos hechos realidad.**

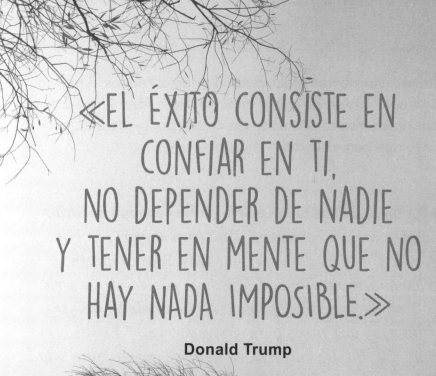

«EL ÉXITO CONSISTE EN
CONFIAR EN TI,
NO DEPENDER DE NADIE
Y TENER EN MENTE QUE NO
HAY NADA IMPOSIBLE.»

Donald Trump

No hace falta ir muy lejos para encontrar ejemplos de personas que empezaron de cero y están haciendo realidad sus sueños.

Si ellos han podido, ¡tú también puedes! Ahora ya sabes que a todos se nos ha dado el mismo poder. Se trata simplemente de conectar con tu esencia, reconocer tus dones, conectar con tus sueños, hacer lo que amas, aprender de los que ya lo han conseguido y no detenerte hasta hacerlos realidad.

AMANCIO ORTEGA
Empresario fundador del grupo Inditex

En marzo de 2014 se reconoce a Amancio Ortega como el tercer hombre más rico del mundo.

¿Conoces su historia? Amancio, originario de León, se trasladó con su familia a Galicia cuando a su padre, que era ferroviario, lo destinaron al norte de España.

Con doce años tuvo que dejar de estudiar para ayudar a sus padres. Encontró trabajo en una camisería llamada Gala. Él hacía de todo, desde limpiar la tienda y hacer mandados hasta atender en el mostrador. Disfrutaba con su trabajo y tenía mucho empeño por aprender.

Con diecisiete años entró a trabajar como dependiente en Mercería La Maja, un próspero comercio familiar de A Coruña, donde trabajaban sus hermanos mayores Pepita y Antonio.

Allí conoció a Rosalía, su futura mujer, y a las personas con las que más tarde crearía su imperio.

Gracias al buen ambiente que se respiraba en La Maja, Amancio les propuso a los Castro, los dueños del negocio, hacerse cargo de la confección de prendas con telas de la tienda y la mano de obra aportada por Primitiva, la mujer de su hermano Antonio, que era modista.

Los resultados fueron positivos, pero Amancio vio que el valor añadido de sus iniciativas se perdía por el camino. Así que decidió dejar su trabajo como dependiente para dedicarse a la fabricación del producto.

En los diez años que había estado trabajando allí, había hecho contactos con fabricantes de tejidos catalanes, que le dieron acceso a precios de mayorista, y había acumulado una interesante cartera de clientes propios.

En 1963, Amancio da un giro a su vida y se pone a trabajar por cuenta propia:

«Desde que empecé a trabajar tenía una idea que me obsesionaba: ¿por qué no puedo inventar algo diferente a todo lo que hay en el mercado? Tampoco sabría definir con claridad lo que me rondaba por la cabeza en aquellos años, pero decidí seguir mi impulso y puse en marcha Goa, con mi hermano Antonio. Abrimos una cuenta corriente con dos mil quinientas pesetas; mi cuñada, que sabía de costura, y mi primera mujer, Rosalía, hacían las famosas batas boatiné, que entonces estaban tan de moda.»

Covadonga O'Shea
Así es Amancio Ortega, el hombre que creó Zara

Diez años después, la empresa contaba con quinientos trabajadores. En 1975 se abre la primera tienda Zara en A Coruña. Los primeros años fueron duros, de mucho trabajo.

En 1979, reúne todas sus empresas bajo el sello Inditex (Industrias de Diseño Textil) y, desde entonces, el grupo no ha dejado de crecer, convirtiéndose en el primer grupo mundial del sector.

PABLO ALBORÁN
Cantante y compositor

«Todo lo que está sucediendo esta noche es la prueba de que la vida puede ser un sueño.»

Pablo Alborán
Concierto en el Palacio de Deportes de Madrid,
septiembre de 2013

Pablo, originario de Málaga, desde muy pequeño empezó a interesarse por la música. Recibió formación en piano, guitarra clásica, flamenca y acústica, y aprendió a cantar con músicos profesionales de la ciudad.

Empezó a componer sus primeras canciones con doce años. Con catorce años comenzó a subir vídeos suyos cantando a Myspace.

Luego comenzó a compartirlos en YouTube. Y fue así como se dio a conocer en España. Más tarde escribiría «Solamente tú» y grabaría un vídeo sentado en el sofá de su casa que subió a YouTube. Ése fue el vídeo que le llevó a la fama. Con más de 7 millones de visitas en tres años.

Poco después recorría con su guitarra los clubes de toda España. El boca a boca y las redes sociales hicieron que, antes de publicar su primer álbum, sus fans ya lo estuvieran esperando.

En 2011, dio más de sesenta conciertos; comenzó en los escenarios más pequeños y cerró el año colgando el «No hay entradas» en el Palacio de Deportes de Madrid ante 15,000 espectadores.

«Con más de un millón de discos vendidos, Pablo Alborán ha sido el artista más vendedor en España en 2011 y 2012, un hecho sin precedentes en la historia de la música española para un artista debutante.»

IKER CASILLAS
Portero del Real Madrid (1998-2015)
y del F. C. Porto (2015-actualidad)

Iker empezó a jugar futbol a los cuatro años. Desde muy niño soñaba con debutar con el Real Madrid. Era el sueño de su vida.

Con nueve años, su padre, que era profesor, le llevó al Santiago Bernabéu para que hiciera una serie de pruebas. Todos los años, el club organizaba un torneo social para captar a los chicos más prometedores de la región. Y a Antonio Mezquita, cazatalentos del Real Madrid, parece que le gustó.

Iker pasó por todas las categorías infantiles y juveniles. Hasta que un día, cuando él tenía dieciséis años, fueron a buscarle al colegio.

El Real Madrid había llamado al colegio para pedir su inmediata incorporación a la expedición del equipo, que debía jugar un partido de la Liga de Campeones en Trondheim (Noruega). El guardameta titular, Bodo Illgner, se había lesionado y su habitual suplente, Santiago Cañizares, se había dado un golpe en el pecho.

Debutó con el primer equipo en San Mamés el 12 de septiembre de 1999. Y su debut internacional llegó el 3 de junio del año 2000, con diecinueve años recién cumplidos. El resto de la historia probablemente ya la sabes.

NO TE DEJES INTIMIDAR

La mayoría de las personas piensan que el éxito y la riqueza son el privilegio de unos pocos. Que los que logran llegar tan alto son fuera de serie. Puede que muchos también piensen que tuvieron suerte.

Desengáñate, la suerte no existe. La suerte la creas tú, es el resultado de lo que tú atraes a tu vida, de lo que eres, de lo que piensas y de lo que haces.

Efectivamente, tanto Amancio como Pablo o Iker son fueras de serie. Son personas únicas, como tú y como yo. Todos hemos nacido para ser fueras de serie.

Y vuelvo a repetirlo, lo único que diferencia a estas personas de otras es que ellos creyeron en sí mismos y en sus sueños.

¿Realmente crees que Dios creó ganadores y perdedores? ¿Crees que creó personas grandiosas y mediocres? ¿Merecedores del éxito y no merecedores?

Piénsalo, no tiene ningún sentido. Dios nos hizo a todos por igual. Todos a su imagen y semejanza. Todos estamos llamados a ser grandiosos y a ser felices haciendo lo que amamos, llevando a cabo nuestro propósito de vida, nuestros sueños.

No importa la edad, si tienes un sueño, ¡cree en ti! ¡Cree en él! ¡Dale vida!

Siempre tienes toda la vida por delante. Porque realmente lo único que tenemos todos es el **ahora**. ¡Y el ahora es tuyo!

NO HAY FRACASO, TODO ES APRENDIZAJE

«El fracaso es parte del proceso del éxito. La gente que evita el fracaso también evita el éxito.»

Robert Kiyosaki

Empresario, inversor, escritor y conferenciante

Todo el mundo tiene la capacidad y el poder de transformar su vida en el momento que desee.

Les quiero traer también la historia de un amigo y excompañero de trabajo. Hace tres años pasó por un momento crítico en su vida. En el estudio de arquitectura donde estábamos trabajando tuvieron que hacer recortes porque ya no había trabajo para todos. Él fue uno de los despedidos. En mi opinión, él no fue valorado por todos los jefes que teníamos.

Recuerdo perfectamente el día que salió por la puerta del estudio. Le dije: «Carlos, estoy convencida de que te va a ir muy bien».

Algo me decía que iba a llegar muy lejos. Carlos siempre había tenido grandes aptitudes para la cocina. Cocinaba extraordinariamente bien, tenía don de gentes y sabía cómo convencerte.

Empezó dando clases de sushi en su casa para ganarse un dinero mientras buscaba trabajo y se planteaba qué hacer con su vida.

Un año más tarde abrió una escuela de cocina en pleno centro de Madrid, el Kitchen Club. Trabajó muchísimo para sacarlo adelante y dos años más tarde abrió una sucursal más grande.

Por su escuela han pasado grandes cocineros de España. Ha salido en numerosos reportajes de revistas y en programas de televisión. No ha hecho más que crecer profesionalmente desde que empezó.

Y empezó sin nada. Simplemente, creyó en sí mismo y en sus ideas y no se conformó.

Conozco a personas que cuando se quedan sin empleo se deprimen y permanecen ancladas en el «no es justo», «todo lo malo me pasa a mí».

Mientras esas personas permanezcan en el victimismo, echando la culpa de todo lo que les pasa a los demás y al sistema, sólo conseguirán profundizar en el dolor.

Tú eres el único que puede decidir cambiar de actitud y tomar la decisión de cambiar tu vida en el momento que desees. Ése es tu gran don. Recupera tu poder.

Si ellos pudieron, tú también puedes.

LAS CONTRAINTENCIONES

BLOQUEOS

«EL MAYOR OBSTÁCULO PARA CONSEGUIR EL ÉXITO QUE SOÑAMOS ESTÁ EN LAS LIMITACIONES PROGRAMADAS EN EL SUBCONSCIENTE. SI NUESTRA MENTE SUBCONSCIENTE FUESE PROGRAMADA CON COMPORTAMIENTOS SALUDABLES, TENDRÍAMOS ÉXITO EN NUESTRAS VIDAS SIN NI SIQUIERA PROPONÉRNOSLO.»

Rob Williams

Empresario, psicólogo y originador de PSYCH-K®

«Cuando liberas los bloqueos internos para tu éxito, puedes conseguir ser, hacer y tener lo que quieras.»

Joe Vitale

Autor y conferenciante

¿CUÁLES SON ESTOS BLOQUEOS?

1. **Altos niveles de exigencia.** ¿Demasiado exigente contigo mismo?
2. **Ausencia de merecimiento.** No te sientes merecedor.
3. **Falta de aceptación.** Aquello que te avergüenza de ti.
4. **Sentimientos de culpa y ausencia de perdón.** Lo que no te perdonas y lo que no perdonas.

Y, en general, los bajos niveles de autoestima constituyen los mayores bloqueos que impiden que obtengamos lo que deseamos.

La mejor forma de detectar estos bloqueos es observando tus emociones y tu diálogo interior.

Si algo te duele es porque hay algún pensamiento y alguna creencia que te está bloqueando y te está produciendo el dolor.

Somos seres vivos, creativos. Somos energía. Somos **vida**.

¿Qué sucede cuando se construye una presa en el curso de un río?

El agua empieza a acumularse y deja de fluir de forma natural hacia el mar. Ése es el resultado, lo que vemos.

Lo que no vemos es que en el interior de esa presa el agua que quiere fluir está ejerciendo una presión sobre el muro que la contiene. Porque quiere fluir y no puede.

En nuestra vida sucede algo similar. Tu cuerpo es un mensajero de aquello que está sucediendo dentro de ti.

A lo largo de nuestra vida, vamos conociéndonos poco a poco. La vida es un camino de descubrimiento y todo empieza por el autoconocimiento. Y por mucho que nos conozcamos, siempre habrá razones y sentimientos ocultos para nosotros a los que no tenemos acceso, debido al gran peso de nuestra personalidad y a todo el ruido que hace nuestra mente consciente.

NUESTRAS RAZONES NO SIEMPRE SON LAS VERDADERAS RAZONES

Las razones que nos damos a nosotros mismos no siempre son las razones reales. Nuestra razón siempre está condicionada por nuestra forma de pensar. Es ahí donde se oculta la respuesta al acertijo de todo aquello que deseamos conseguir en la vida, en las razones reales.

Son esas razones que están ocultas y que hemos de ir descubriendo a lo largo de nuestra vida. De eso se trata, de resolver los enigmas de tu mente para poder desbloquear aquello que te impide alcanzar lo que amas. Eso es lo que trabajo en mis sesiones, en mis cursos y en mis seminarios.

Guiar a las personas en su autoconocimiento, para que descubran el poder de su mente y el inimaginable potencial que reside dentro de cada una. Ayudo a las personas a conectar con su esencia y con su propósito de vida. Porque, una vez que conectas con tu esencia, se libera tu poder.

Lo primero es descubrir cuáles son nuestros condicionamientos y bloqueos internos para poder liberarlos. Y, una vez que sabes quién eres y lo que quieres, empieza el camino de la reprogramación mental. A partir de ahí empieza una nueva vida, esta vez dirigida por ti.

Porque una vez que ya sabes lo que quieres y cómo funciona tu mente, puedes reprogramar tu mente subconsciente para que te dirija hacia tus sueños. Eso es lo que trabajo en el curso **Cree en Ti**.

Autoconocimiento, conectar con tu esencia y tu propósito, descubrir tu poder y tu reprogramación de creencias.

LA CLAVE DEL CAMBIO

«Locura es hacer siempre lo mismo
y esperar resultados diferentes.»

Albert Einstein

La vida nos repite una y otra vez la misma historia sin que nosotros entendamos el porqué. Unas veces con la misma persona y otras con personas diferentes. Podemos estar años reviviendo la misma historia y desesperarnos o preguntarnos: «¿Qué hay detrás de todo eso?».

Puedes escuchar el mismo discurso una y otra vez y no decirte nada, hasta que de repente un día estás más receptivo o ha cambiado algo en tu vida y esa historia te suena diferente.

Hace poco volví a escuchar a mi mentor contar su historia personal. Estábamos grabando una entrevista. Me sabía su historia de memoria porque la había escuchado en numerosas entrevistas y la había leído en sus libros. Y, sin embargo, aquel día, mientras estábamos grabando, algo hizo clic en mi cabeza cuando dijo la frase: «Ese día tomé una decisión distinta».

Ésa es la clave del cambio. **Tomar una decisión distinta.**

Queremos un cambio, queremos cambiar, que las circunstancias cambien, y sin embargo seguimos pensando de la misma manera, tomando las mismas decisiones y haciendo las mismas cosas. No hace falta ser muy listo para darse cuenta de lo absurdo que es pretender un cambio sin hacer nada diferente.

Una de las decisiones que marcó una diferencia en mi vida fue ésta.

Antes esperaba que las personas se dieran cuenta de sus errores, antes echaba la culpa a los demás y esperaba que los demás cambiaran.

Por supuesto que las personas pueden cambiar y, de hecho, cambian, pero tu felicidad nunca puede depender de los demás. Eso sería delegar tu capacidad y tu poder de ser feliz en otros.

Ahora asumo mi total y completa responsabilidad en todo lo que sucede en mi vida. Yo tomo decisiones y yo soy consciente de que soy yo la que ha de cambiar.

Nos pasamos la vida evitando los problemas, eximiéndonos de nuestra responsabilidad. Y mientras esto suceda estamos cediendo nuestro poder a los demás.

En cambio, **cuando asumes tu responsabilidad al ciento por ciento en tu vida, recuperas tu poder**.

De eso tratan las dos historias que te voy a contar a continuación.

PALABRAS PODEROSAS
LA GRATITUD Y EL HO'OPONOPONO

> «A QUIEN QUIERA QUE TENGA SE LE DARÁ MÁS, Y TENDRÁ EN ABUNDANCIA. A QUIEN QUIERA QUE NO TENGA, INCLUSO LO QUE TENGA LE SERÁ ARREBATADO.»

Mateo, 13, 12

LA GRATITUD

La gratitud es una de las herramientas más poderosas que he conocido.

A mí me cambió la vida desde el preciso instante en que empecé a utilizarla todos los días.

Desde pequeñita, a mí me enseñaron a ser una persona agradecida. Sin embargo, tardé muchos años en ser consciente de lo importante que era la presencia de la gratitud en la vida.

Durante muchos años yo practiqué la gratitud cuando me daban o recibía algo. Pero, en general, no es algo que yo practicase a diario, sólo cuando me pasaba algo especialmente bueno.

Hasta que entendí que una de las razones por las que no era plenamente feliz era precisamente porque no estaba valorando todo lo que había recibido.

Lo que nunca se me había ocurrido pensar es que la queja es la ausencia de la gratitud.

Por esa razón, y puesto que estamos en un universo de dualidades, cuando te estás quejando por algo es porque te estás enfocando en lo que no tienes, en vez de en lo que tienes.

En el momento que cambies el foco, cambiará la emoción. Pruébalo.

Cuando estás molesto con un amigo o con tu pareja es porque te estás enfocando en lo que no te gusta de esa persona. En el momento en que te centres en lo que aprecias de esa persona, disminuirán la queja y el enojo que tienes con esa persona.

La gratitud genera riqueza, la queja genera pobreza. Pero no se trata sólo de eso.

El texto que he citado del Evangelio de san Mateo al principio de este capítulo es en realidad una adivinanza: «A quien quiera que tenga [gratitud] se le dará más, y tendrá en abundancia. A quien quiera que no tenga [gratitud], incluso lo que tenga le será arrebatado».

Cuando incorporas la palabra *gratitud* descubres una de las claves de la vida. Cuanto más agradecido estés por lo que has recibido, más motivos para estar agradecido recibirás.

Cuanto más te quejes de lo que has recibido, más motivos para quejarte recibirás. La regla es muy simple, pero infinitamente potente.

He hecho muchos ejercicios con la gratitud y los resultados que he obtenido son siempre increíbles. Este tema podría dar para escribir un libro entero. Por eso, ahora simplemente te animo a que incorpores este hábito a tu vida y lo compruebes por ti mismo.

Pero te advierto que no vale con dar gracias de carrerilla como el que lee la lista de la compra. Es un ejercicio para realizarlo sintiendo la gratitud desde el corazón. Porque es ese sentimiento de amor y de gratitud el que traerá a tu vida más motivos por los que estar agradecido.

EL INFINITO PODER DEL HO'OPONOPONO

¿Te imaginas? ¿Poder resolver un conflicto en una relación sin necesitar que la otra persona esté presente?

Lo siento, perdóname, te amo, gracias.

Éstas son las cuatro palabras más poderosas que existen y que todo lo curan.

¿Hasta qué punto son poderosas estas palabras?

El ho'oponopono es un arte hawaiano muy antiguo para la resolución de conflictos basado en la responsabilidad, el amor, la gratitud y el perdón.

En otras palabras, el ho'oponopono es una técnica que se utiliza para limpiar la ira, el resentimiento, los sentimientos de culpa o cualquier sentimiento que esté bloqueando tu felicidad.

Es una técnica ideal para solucionar conflictos entre personas sin la necesidad de mediar palabra con esa persona.

No te lo contaría si no lo hubiera probado. Así descubrí yo el poder de los bloqueos internos de mi mente y el poder liberador del ho'oponopono.

Esta técnica también la explico en mis sesiones y en los seminarios, para limpiar todos los bloqueos de los que he hablado en el capítulo anterior.

En mi caso, me ha ayudado a reconciliarme con personas sin necesidad de mediar una palabra con ellas. Y también la he utilizado con éxito en una ocasión en la que un cliente me debía una cantidad de dinero. Primero se lo pedí vía *e-mail*. Pero como no respondía ni a las llamadas de teléfono ni al *mail*, me recomendaron utilizar esta técnica.

Tres semanas más tarde, recibí una transferencia con el dinero que me debía.

Pero te voy a traer dos historias más impresionantes aún.

La primera la cuenta Joe Vitale en su audiolibro *El secreto faltante*, la historia del doctor Ihaleakalá Hew Len.

Probablemente, ésta sea una de las historias más sorprendentes que hayas escuchado.

El doctor Hew Len curó a un pabellón entero lleno de criminales mentalmente enfermos sin ni siquiera haber tenido contacto con ninguno de ellos.

El psicólogo sólo había visto a los pacientes cuando caminaba por el pabellón y los pasillos, pero no había hablado con ellos en privado. Luego él se metía en su despacho y estudiaba la ficha de cada preso. Cuando leía el historial de cada uno, se formaba una imagen en su mente de esa persona. Una vez que se había formado esa imagen, él utilizaba su técnica particular para limpiar la imagen de la enfermedad de esta persona que se había formado en su interior.

A medida que él utilizaba su técnica, los pacientes empezaron a mejorar.

Joe Vitale le preguntó al doctor Hew Len ¿cómo podía ser eso posible? ¿En qué consistía exactamente para él *limpiar*?

El doctor Hew Len le explicó que simplemente repetía: **«Lo siento, perdóname, te amo, gracias».**

«La idea que se forma dentro de mí de una persona, efectivamente, está dentro de mí. Lo que hago es pedir a la divinidad que borre esa imagen dentro de mí. Y, a medida que se borra dentro de mí, se borra también dentro de la otra persona.»

Este método trata de asumir la responsabilidad total. Se trata de hacerte responsable de todo lo que aparece en tu vida.

El doctor Hew Len afirma que el mundo externo es una proyección de nuestra conciencia, está compuesto de tus creencias, de tus pensamientos, de tus recuerdos. Todo esto es lo que sale y crea tu realidad.

Es algo que a mí todavía me cuesta entender. Pero lo cierto es que el doctor Hew Len estuvo trabajando cuatro años en ese hospital y curó a un pabellón entero de enfermos mentales que habían cometido homicidios, violaciones y otras agresiones.

Cuenta que cuando empezó a practicar el ho'oponopono, los pacientes que necesitaban ser sedados ya no lo necesitaban. Los que necesitaban estar atados ya no lo necesitaban. El personal que trabajaba en el hospital no daba crédito a todos los cambios que empezaba a ver.

La segunda historia la vivió un amigo mío en primera persona. Ángel López trabaja desde hace años como *coach* e instructor de *firewalking*. Pero antes de eso había estado trabajando varios años como enfermero.

Durante un tiempo, él estuvo trabajando en un hospital psiquiátrico. Él recibía a los pacientes que llegaban a urgencias con los primeros brotes. Estos pacientes en ocasiones habían agredido a alguien o habían cometido un homicidio, etcétera.

Estas personas llegaban atadas con fijaciones y con guardias de seguridad porque eran peligrosas.

Cuando llegaban los pacientes a urgencias, él pedía que los guardias de seguridad se quedaran fuera de la sala para que los pacientes no se pusieran más nerviosos. En ocasiones también pedía que soltaran sus fijaciones.

Y lo que nunca hacía al recibirlos era leer su historial, para no condicionar su mente ni asustarse a la hora de tratarlos. El historial lo leía después.

Sus compañeros le decían que estaba loco por exponerse de esa forma.

Cuando ya habían salido todos de la sala, él se sentaba a los pies de la cama del paciente, ligeramente girado para no mirarlos directamente a los ojos. Para que ellos no sintieran ninguna amenaza.

Desde el momento en el que el paciente entraba en la sala, él empezaba a repetir en su mente palabras de paz, de amor y gratitud. Él (o ella) es amor, gratitud, es un ser amoroso, lleno de paz, se merece que le quieran. Él repetía una y otra vez estas palabras sin mirarlos a los ojos.

Acompasaba la respiración del paciente hasta que ésta poco a poco se hacía más calmada. Y después empezaba a hablar con ellos.

Con todo esto, él conseguía que se calmaran. Les transmitía su paz. No los juzgaba, sólo les transmitía amor. Por eso, no leía su historial antes de recibirlos. Lo leía después.

Ángel me contó que era impresionante ver cómo se iban calmando y empezaban a hablar con él.

Es impresionante lo que somos capaces de transmitir y de estructurar cuando sentimos amor, paz y gratitud.

Esta historia me recordó a la del doctor Hew Len. En los dos casos se ve lo importante que es la imagen que formamos en nuestra mente acerca de esa persona.

Porque en función de la imagen que formemos, es decir, en función de nuestro juicio, emitiremos una emoción que reforzará la realidad de la persona a la que estamos juzgando.

Increíble, ¿verdad?

Perdóname, lo siento, te amo, gracias.

¿Qué significado tienen exactamente estas palabras?

Decir **«perdóname»** no significa cargar con un sentimiento de culpa, sino todo lo contrario, es reconocer nuestra responsabilidad sin culparnos. Es como decir: «Perdóname porque no soy consciente de lo que mi mente subconsciente y las emociones que provocan mis creencias subconscientes están creando en mi vida y en la vida de los demás».

Al decir «perdóname» reconoces tu responsabilidad inconsciente. Y, al asumir tu responsabilidad, accedes al poder que se te ha dado.

Al decir **«lo siento»** estás pidiendo a la divinidad que te ayude a perdonarte. La divinidad no te culpa, pero tú sí te culpas a ti mismo cada vez que crees haber cometido un error.

Que desconozcamos nuestro poder no significa que no lo tengamos, simplemente que no conocemos hasta qué punto somos poderosos. Por eso decimos «lo siento», porque no somos conscientes de todo lo que, sin querer, hemos generado en nuestra vida.

«Te amo» es la forma de conectar con el amor, con la divinidad, con un estado de paz profundo. Es una forma de conectar con nuestro origen, con aquello que está por encima de nosotros, que todo lo puede. Y que nos ha creado.

Al decir **«gracias»** estamos dando permiso a la divinidad para que borre los programas y creencias que atrajeron ese «problema» o esos acontecimientos a nuestra vida. Entregamos nuestras preocupaciones a quien todo lo puede para que lo resuelva por nosotros, de forma armónica para todo el mundo. Porque nosotros no tenemos ni idea de cuál es la mejor solución para todos, damos el permiso para que suceda el milagro.

Damos las gracias por todo lo que hemos recibido, por la vida, por este inmenso regalo, por estar aquí ahora y por el poder del amor.

Yo uso estas cuatro expresiones todos los días y me han ayudado a resolver infinidad de conflictos sin necesidad de mediar ninguna palabra con nadie.

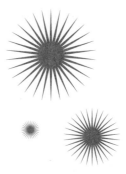

IMPRESCINDIBLES

¡LO TIENES TODO!

«LA FE EN TI MISMO ES EL PRIMER PASO QUE PRECEDE A TODA GRANDEZA. SI NO TIENES FE EN TUS PROPIAS POSIBILIDADES DE ÉXITO, LA LUCHA HABRÁ TERMINADO ANTES DE EMPEZAR.»

Douglas Vermeeren

Autor, *coach* y actor

¡Lo tienes todo!
— La claridad.
— El enfoque.
— El lenguaje y las declaraciones.
— La visualización.
— El desapego.
— La intuición.
— La decisión. El momento es **ahora**.
— La acción. El poder de la intención.

LA CLARIDAD

«La razón número 1 por la que la gente no obtiene lo que quiere es porque no sabe lo que quiere.»

T. Harv Eker

La mayoría de las personas saben lo que no quieren, pero no saben exactamente lo que quieren.

¿Qué sucede cuando no sabes lo que quieres?

Otros dirigirán tu vida por ti. Cuando no sabes lo que quieres, vas a la deriva. Estás rehusando el poder de dirigir tu vida. Y si no sabes lo que quieres, difícilmente llegarás a lo que quieres.

Igualmente, las personas que no tienen claro lo que quieren están cambiando constantemente de dirección, tampoco llegan a ningún sitio.

Mientras no tienes claro lo que quieres, emites señales contradictorias. Ahora quiero esto, ahora quiero lo otro. La vida empieza a dirigirte hacia eso, pero si constantemente cambias de opinión y no acabas lo que empiezas, no llegarás a ningún sitio en concreto.

No saber lo que quieres es como llegar a un restaurante y, cuando el camarero se acercara a preguntarte: «¿Qué le gustaría comer?», tú le dijeras: «No lo sé»; entonces no sabría qué traerte. Si tú le dices: «No quiero lentejas», el camarero seguirá sin saber qué es lo que te tiene que traer.

En la vida es exactamente igual. Si tú no tienes claro lo que quieres, no lo recibirás. Y una vez que sabes lo que quieres, tienes que ser preciso y específico.

Si tú te vas de viaje a ver a un amigo y, al llegar al aeropuerto o a la estación, tomas un taxi y le dices al taxista: «Por favor, lléveme a casa de mi amigo Roberto», el taxista entenderá la frase, pero no podrá llevarte porque le faltará información. Si tú no le dices la dirección exacta, no sabrá hacia dónde ha de dirigirse.

«El único límite a nuestros logros
de mañana está en nuestras dudas de hoy.»

Franklin D. Roosevelt
Presidente de Estados Unidos (1933-1945)

EL ENFOQUE

«Aquello en lo que te enfocas determina
lo que encuentras en la vida.»

T. Harv Eker

El enfoque que des a tu vida es el que va a determinar la calidad de tus emociones. En función del punto de vista que elijas, verás las cosas que te suceden de una forma o de otra, y eso influirá en que sientas unas emociones u otras.

¿Cómo se controla el enfoque? A través de las preguntas. Como dice Tony Robbins, si te haces preguntas tontas, hallarás respuestas tontas.

Ejemplo de pregunta y respuesta tonta: «¿Por qué esto siempre me pasa a mí? Porque soy tonto».

Pero si te haces preguntas inteligentes, hallarás respuestas inteligentes. Por ejemplo: «¿Qué puedo aprender yo de todo esto? ¿Qué puede aportarme esta situación?». Todo depende del punto de vista con el que se mire. Un edificio no se ve igual a pie de calle que desde un helicóptero, o desde el edificio de enfrente.

Si te enfocas en los problemas, verás crecer tus problemas; si te enfocas en las soluciones, encontrarás con mayor facilidad la forma de solucionar el problema.

Si te enfocas en los riesgos, no verás las recompensas.

Si te enfocas en los obstáculos, perderás de vista tus metas.

Tu mente no puede enfocarse en dos opuestos a la vez.

Por esa razón, si detectas que te estás enfocando en algo que te angustia, cambia el foco y enfócate en lo opuesto.

EL LENGUAJE Y LAS DECLARACIONES

«Cada palabra que pronuncias es un decreto que se manifiesta en el exterior.»

Laín García Calvo

Cada **palabra** que **pronunciamos** se convierte en una dirección para el GPS de nuestra **mente**, que inevitablemente te dirigirá hacia ella.

Si decimos que algo es muy difícil, tu mente creerá literalmente que eso es difícil y creará en ti esa emoción acorde con la palabra *difícil*. Estarás potenciando la dificultad y esa emoción te distanciará de lo que tú quieres conseguir. Sin que tú seas consciente, disminuirá tu efectividad, tu capacidad de reacción, tu velocidad, y hará realidad lo que tú has dicho.

De ahí que sea tan importante elegir bien las palabras. Tanto las que dirigimos hacia los demás como las que te diriges a ti mismo. Es decir, es importantísimo cuidar tu diálogo interior.

No es lo mismo decir «es difícil» que decir «puede que no sea fácil». Te aseguro que tu mente creará dos emociones muy distintas.

Si dices que algo es posible, tu mente buscará la forma de que ese «algo» sea **posible**.

Esto me recuerda una conversación que tuve con mi mentor cuando empecé a hacer sesiones de *mentoring* con él. Me dijo: «Rut, encontrar pareja es muy fácil». Al principio yo me sentí confundida. Si él lo ve tan fácil, yo debo de ser tonta. Por aquel entonces, yo estaba en proceso de aprender a valorarme. Sin embargo, al día siguiente empecé a pensar de otra forma. Empecé a pensar que a lo mejor él estaba en lo cierto y yo no me había dado cuenta hasta ese momento.

Lo cierto fue que a partir de ese momento empecé a creer que encontrar pareja era algo sencillo.

¿Qué es lo que había sucedido? Que había metido una nueva creencia en mi mente. Había dado una nueva dirección al GPS de mi mente a través de unas palabras que me impactaron.

Cada palabra que pronunciamos tarde o temprano dará su fruto.

Y cuando empecé a creer que encontrar pareja era algo sencillo y empecé a valorarme, de un día para otro recibí varios *mails* y mensajes de chicos que de repente estaban todos interesados en saber de mí o en verme o conocerme. Fue impresionante.

LA VISUALIZACIÓN

«La imaginación es todo. Es la vista preliminar de las atracciones de la vida por venir.»

Albert Einstein

En una de las visitas que hice a Friburgo, después de haber estado viviendo allí, una tarde de camino a casa de una amiga con la bici, me encontré con un amigo al que llevaba más de un año sin ver.

Paseamos y nos pusimos al día. Yo le conté el giro profesional que había dado a mi vida. Él me habló de sus viajes por Sudamérica.

Me contó que acababa de perder el celular, que antes había estado en el cine y que estaba esperando a que terminara la siguiente sesión para ir a ver si estaba allí. Yo le dije:

—En Friburgo nunca se pierde nada, se encuentra todo. Porque la gente es muy honrada.

Y me preguntó:

—Tú, como *coach*, ¿qué harías para encontrar el celular?

—Ir al cine a buscarlo —le dije riéndome—. Visualízalo en el cine —hice una pausa y añadí—: Visualiza que lo vas

a encontrar ahora en el cine cuando acabe la sesión y va-
yamos a buscarlo.

Y para mi sorpresa contestó:

—¡Eso es! Muy buen consejo. ¡Visualicémoslo!

Cuando calculamos que había acabado la película fui-
mos al cine, entramos a buscarlo, y ¡¡allí estaba!! Donde
lo habíamos visualizado, en el suelo, debajo de la butaca
donde él había estado sentado.

Salimos del cine, filosofamos un poco y nos despedimos.

«El que busca encuentra.» «El que busca encuentra», repetí
mentalmente las palabras que él me acababa de decir mientras
caminaba para recoger mi bici. «¡¡SÍ!!», dije para mí, y sonreí.

Quité el candado a la bici sin dejar de sonreír y al intentar subirme vi que se había salido la cadena. Y antes de
que me diera tiempo a reaccionar, un chico se había pa-
rado junto a mí y me preguntó en español: «¿Te ayudo?»,
y yo, que seguía sonriendo aún, asentí con la cabeza. Estaba muy sorprendida porque no sólo había encontrado
ayuda antes de que yo pudiera pedirla, sino que además,
la recibí en español.

«Se ha salido la cadena —conseguí decir al fin—. ¿Sabes
cómo arreglarlo?» Me sonrió y asintió. Se agachó y empezó
a dar vueltas al pedal hasta que la cadena enganchó de
nuevo en el engranaje. Le di las gracias, me sonrió y se
fue.

Yo, sin dar crédito por la respuesta tan rápida que había
encontrado, volví a repetir convencida **«realmente el que
busca encuentra»** y, cuanto más convencido estés de ello,
antes encontrarás.

Puedes pensar que todo es fruto de la casualidad y
seguir tu vida tal y como hasta ahora. O puedes con-

templar la posibilidad de que la visualización es una de las herramientas más potentes que poseemos a través de la experiencia.

A mí, al principio, me costaba creerlo. Me parecía increíble y complicado. Y es cierto que no es sencillo dominar el arte de la visualización porque en nuestra mente subconsciente pueden existir infinidad de bloqueos de los que no somos conscientes.

Pero todo en esta vida es cuestión de entrenamiento. Si tú consigues detectar los bloqueos internos o las contraintenciones que existen dentro de ti, cuando visualices algo con claridad y con desapego por el resultado, tarde o temprano eso llegará a tu vida.

¿Qué quiere decir *desapego por el resultado*?

Quiere decir sin obsesionarte por el resultado, sin preocuparte de si lo vas a recibir o no, sin poner condiciones.

Cuando esperamos recibir algo muy específico de una persona en específico, estamos poniendo condiciones. Y esas condiciones pueden bloquear, dificultar o retrasar que tú obtengas lo que quieres.

Por ejemplo, si lo que tú quieres de una persona va en contra de lo que esa persona quiere, de sus principios o de sus valores, y tú condicionas lo que quieres recibir de esa persona, estás yendo en contra de sus principios y de su libertad. Por eso, cuando pones demasiadas condiciones es mucho más difícil o pueden pasar muchos años hasta que recibas lo que deseas.

Por eso, siempre que pedimos algo, hay que dejar puertas abiertas, no condicionarlo todo, y menos aún de quién lo recibiremos. Todo depende de lo que visualices o de lo que esperes.

«Si quieres crear algo en tu vida, si quieres lograr un objetivo o alcanzar una meta, primero tienes que crearlo en tu mente, tienes que visualizarlo, sentirlo y desearlo con toda intensidad. Esta visión crea la energía para pasar a la acción y dar los pasos necesarios hasta que se convierta en realidad. Tú mejor que nadie deberías saberlo bien. Eres arquitecto.»

Javier Iriondo

Escritor

Te voy a contar un ejemplo sencillo que me sucedió hace poco. Llevaba casi un año sin ver a una amiga. Las dos tenemos siempre la agenda llena. Llevábamos meses intentando vernos. Y un día pensé: «Tengo muchas ganas de ver a Blanca». Visualicé que me iba a encontrar con ella aquella tarde y también visualicé el lugar donde me iba a encontrar con ella. Visualicé que casualmente ella iba a tener esa tarde libre. Le mandé un mensaje y luego yo salí a correr.

Cuando volví a casa tenía una llamada y un mensaje suyo. La llamé y me contó que precisamente esa tarde iba a ver a una amiga, pero nada más recibir mi mensaje, esa amiga le escribió para decirle que no podía verla. Así que quedamos y estuvimos en el sitio que yo había visualizado.

¿Casualidad? Tú eliges lo que creer. Si crees que puedes hacerlo, podrás disfrutar de ese poder. Si no crees, no.

Así de sencillo. Siempre **tú eliges** lo que quieres creer.

¿Por qué hay planes que no salen y otros salen rodados? Todo depende de la claridad de ideas del que lo proponga y de lo que esas personas crean. Si la persona que propone algo con mucha claridad y está convencida de que el plan va a funcionar, transmitirá esa claridad a los demás participantes del plan. Es como cualquier proyecto en equipo. Cuanto mayor sea la claridad del líder o del creador de la idea o del proyecto, mejor podrá transmitir al resto su propósito.

Por el contrario, si el que propone no tiene muy clara su idea y no cree en su equipo, en su respuesta o en sus habilidades como líder, ese plan probablemente no llegue a buen puerto. La claridad y tu credibilidad es primordial en cualquier proyecto que quieras emprender.

EL DESAPEGO

«Compórtate como si ya lo tuvieses.»

Laín García Calvo

Una vez que lo has visualizado, siéntelo como si ya lo tuvieras. Como si lo que deseas alcanzar ya estuviera en tu vida. Siente y expresa esa gratitud con tus sentimientos. De corazón. Mientras no lo veas en tu mente y no lo creas posible en tu corazón, no llegará.

Y una vez que lo has visto y lo has sentido, baja el nivel de importancia. Desapégate del resultado. Cuando sabes que algo ya es tuyo, no te preocupas por ello ni sientes la necesidad de alcanzarlo porque ya lo tienes.

Por eso es importante no sentir necesidad por aquello que deseas. Para eso, lo más sencillo es bajarle el nivel de importancia.

Es como cuando por fin consigues algo. Ya no le das tanta importancia, ¿verdad? Enseguida te acostumbras a que eso forme parte de tu vida.

Pues bien, ése es el sentimiento que has de transmitir. Ya lo tienes, lo agradeces y no le das más importancia. Eso es el desapego al resultado.

LA INTUICIÓN

«Si escuchamos al creador dentro de nosotros mismos, nos dirigirá hacia el camino correcto.»

Julia Cameron

Autora y artista experta en creatividad

La intuición es una de las herramientas más potentes con las que cuentas. Tu intuición es como un mensajero entre la divinidad y tú. Es la voz de tu alma. No siempre es fácil escucharla porque nuestra mente hace mucho ruido. El volumen de nuestros pensamientos es muy alto.

Y en cambio, la voz de tu alma o tu intuición, más que hablarte, es un susurro.

Una de las grandes diferencias entre una persona exitosa y una persona que pasa desapercibida es precisamente que una cree en su intuición y la otra no. Una cree en sí misma y la otra no. Una cree en sus ideas y la otra no. Las personas que creen en sí mismas siguen su intuición.

La diferencia entre los genios de la historia y los que se perdieron en el anonimato es que los primeros creyeron en sus ideas y en su intuición, y los otros no. Los primeros creyeron en sus dones y los otros no.

Como decía Albert Einstein: «Todos somos genios, pero si se juzga a un pez por su habilidad para trepar árboles, vivirá toda su vida creyendo que es un inútil».

Y por supuesto que se pueden equivocar, pero como ya hemos visto, no hay error. La equivocación forma parte del aprendizaje y del éxito.

El que no actúa no se equivoca, el que no se equivoca no aprende, y el que no aprende no avanza.

Las ideas están ahí. Sólo esperan que alguien crea en ellas. Si tú no lo haces, otro lo hará por ti.

Las mismas ideas siempre llegan a varias personas a la vez, porque no todos las llevarán a cabo. Es la forma que tiene de asegurarse el universo de que alguien las desarrollará. Si tú no le haces caso, pasará a la siguiente persona.

Por eso hay veces que tú lees algo y dices: «¡Vaya! Si esto ya lo había pensado yo».

EL MOMENTO ES AHORA. LA DECISIÓN ES TUYA

«Hay un tiempo para dejar que sucedan las cosas y un tiempo para hacer que las cosas sucedan.»

Hugh Prather

Escritor, ministro laico y consejero

El presente es la única alternativa. Hay dos días en los que no podemos hacer nada, ayer y mañana. Hoy y ahora es la única alternativa.

Si no es ahora, ¿entonces cuándo?

El ahora es tuyo. El ahora es el momento en el que tú ejerces tu poder de decisión y de actuar. Es el momento en el que escribes tu futuro y das una intención a tus acciones.

El ahora lo es todo. Porque es ahora cuando tienes la capacidad de transformar tu vida. Es muy sencillo. Basta con dar un pequeño paso y manifestar tu intención. ¿Hacia dónde quieres ir?

Transformar tu vida es muy sencillo. Simplemente conecta con el momento presente. Suelta el pasado. Libérate de todos los recuerdos que te impiden ser feliz. Libérate de todo aquello que te inmoviliza. Déjalo marchar y el presente será tuyo.

Tampoco te vayas al futuro. Si vas al futuro, que sea para visualizar tus sueños ya cumplidos. Pero deja de preocuparte por lo que no ha sucedido.

Esto también es muy útil a la hora de trabajar. El estrés viene precisamente cuando pasamos más tiempo en el futuro que en el presente. Si estás pensando en todo lo que tienes que hacer a lo largo del día, encontrarás problemas para concentrarte en lo que estás haciendo en ese preciso instante, disminuirá tu rendimiento y aumentará tu nivel de estrés. ¿Por qué? Porque no estás en el presente. Has abandonado el ahora.

Y para mejorar el rendimiento y disminuir el nivel de estrés es imprescindible que conectes con el **ahora**.

Si quieres hacer un cambio en tu vida, el **momento** es **ahora**. Si tienes un **sueño**, el momento es **ahora**.

Cuando retrasas una decisión, empieza a pesar cada vez más para ti porque no le das salida. La estás reteniendo. Una de dos, o te olvidas, o lo haces.

Si quieres un **cambio**, basta con que ahora des el primer paso. No es necesario hacer grandes acciones. Un ligero paso en dirección a tu meta, si mantienes el ritmo constante, perseverante, día a día, momento a momento, acabará llevándote al lugar soñado.

Ese pequeño paso es como la bifurcación de las vías del tren. Por pequeño que sea el ángulo que te desvíe del camino que llevabas, a lo largo, te llevará a un lugar muy distinto.

Vivimos en un mundo de posibilidades infinitas. Simplemente, no siempre las vemos.

LA ACCIÓN Y EL PODER DE LA INTENCIÓN

«Haz lo que nunca has hecho
y verás lo que nunca has visto.»

Autor desconocido

Cuando tú emprendes una acción, siempre actúas movido por una motivación y con una intención, aunque no seas consciente de ello. Es muy importante saber desde qué motivación estás actuando.

Siempre actuamos desde el amor o desde el miedo, en términos generales. Siempre hay algo que nos lleva a actuar.

Si sientes que estás actuando desde la obligación, no estás actuando desde la gratitud. Actuar desde la obligación es sinónimo de queja. En realidad, tú no quieres hacer eso y la queja en la balanza del miedo-amor está en el
lado del miedo.

Por ejemplo, si tu trabajo no te gusta, pero te sientes agradecido por tener un trabajo, te resultará más sencillo disfrutar de él aunque no sea el trabajo de tu vida.

Si actúas desde el amor o la gratitud, el resultado que obtengas será muy generoso contigo. Si, por el contrario, actúas desde la queja o desde el miedo, recibirás más razones para quejarte y más inseguridad.

En las relaciones es lo mismo. Cuando dices algo o actúas desde el miedo a perder a esa persona o esperando que esa persona te dé algo que a ti te falta, es mala señal. Porque estás transmitiendo un miedo a la pérdida y generando una dependencia hacia esa persona.

Esa sensación de abandono proviene de lo que tú te estás negando a ti mismo. Cuando tú te niegas algo a ti mismo, inconscientemente lo buscas en los demás. Es más, por atroz que suene, muchas veces esto se exige. Y te enojas y te sientes dolido cuando no lo obtienes, cuando en realidad eres **tú** el que se está negando eso a sí mismo.

Pero volviendo al poder de la intención. Es muy importante aclarar esa intención y sanarla siempre que sea necesario.

Si tu acción está movida por el miedo, revísala y cambia la actitud. Porque la intención es el motor, y lo que des es lo que vas a recibir.

Cuando vivía en Friburgo, después de llevar seis meses estudiando alemán, empecé a buscar trabajo. Al principio no me sentía preparada por el idioma y no estaba nada convencida. Pero decidí que tenía que empezar ya porque no me quedaba mucho tiempo de autonomía económica. Tenía muy claro que debía manifestar de alguna forma que yo quería y merecía un trabajo, y tenía un tiempo límite para conseguirlo.

A principios de enero llegó una ola de frío de Siberia y durante más de dos semanas la temperatura no subió por encima de los –10 grados centígrados.

Busqué trabajo por Internet en todo lo que se me ocurrió que podía hacer. Como arquitecta, como fotógrafa, profesora de español, diseñadora gráfica, secretaria, mesera o dependienta. Me daba igual. Mi reto era encontrar un trabajo. Cada día lo tenía más claro. O encontraba trabajo allí o me iba a otro sitio. Realmente me daba igual. Así que empecé a aumentar el radio de búsqueda.

Es más, llegué a pensar: «Si mi sitio no es Friburgo, iré donde sea necesario». Llegó a darme igual.

Pues bien, hubo un día que salí de casa con –10 grados, forrada como un esquimal. Las calles eran pistas de patinaje, me di un paseo por el barrio donde vivía y entré en todas las tiendas y restaurantes que me gustaban para preguntarles si necesitaban a alguien. Y lo hice con la cabeza bien alta, feliz y agradecida por ese día tan bonito, por ser como soy y por estar allí.

Mi intención fue muy clara. Ahí ya sentía que estaba preparada para encontrar un trabajo, que me lo merecía y que la persona que me contratara se iba a sentir muy agradecida de haberme contratado, porque en ese momento yo estaba fuerte y era consciente de mi valor.

Ésa fue la señal, la intención que yo envié al universo. Desde la seguridad, desde la confianza, desde la gratitud.

Una semana después recibí un *mail* con una oferta de trabajo de un estudio de arquitectura. El día que fui a hacer la entrevista yo ya intuía que ese trabajo era mío. Un mes después ya estaba trabajando con ellos.

AL OTRO LADO DEL MIEDO
TUS SUEÑOS

«VENGAN HASTA EL BORDE», LES DIJO. «TENEMOS MIEDO, PODRÍAMOS CAER.» «VENGAN HASTA EL BORDE», LES DIJO. ELLOS FUERON. LOS EMPUJÓ... Y VOLARON.»

Guillaume Apollinaire

Poeta, novelista y ensayista francés

¿CÓMO GESTIONAR EL MIEDO?

Una vez que superas las barreras del miedo, un montón de posibilidades se abren ante ti y la oportunidad de disfrutar muchas cosas maravillosas que en otro momento ni se te hubiera ocurrido que podrías vivir.

Nunca me imaginé que sería capaz de subirme en una tabla de *windsurf*. Ni siquiera me lo había planteado. La noche antes estaba tan emocionada que no dormí mucho.

Me llamaron la atención dos cosas.

La primera: después de la clase teórica que nos dieron en la arena acerca de cómo teníamos que levantar la vela y sostenernos, nos metimos en el agua, cada uno con su tabla nadando hasta la lancha que nos recogía un poco más adentro. Al subirme a la lancha, se me puso un dolor de cabeza muy fuerte, en cuestión de décimas de segundo. «¿Qué es esto?», me pregunté. Era insoportable. Y enseguida me di cuenta de que era miedo.

Así que me concentré en la respiración e intenté relajarme, repitiéndome: «Tranquila, está todo bien. Tranquila, estás a salvo». Un minuto más tarde, mientras la lancha nos llevaba al sitio donde íbamos a hacer *windsurf*, el dolor se había ido. **Detecté el miedo a un nivel físico y descubrí que podía hacer desaparecer el dolor, en cuanto fuese capaz de disipar el miedo, mediante la repetición de una orden clara para mi mente: «Tranquila, está todo bien. Tranquila, estás a salvo».**

La segunda: en cuanto me dejaron en el agua comprobé que subirse a la tabla era mucho más sencillo de lo que imaginaba. Y en cuanto levanté la vela, la tabla empezó a ir muy deprisa, tanto que me dio miedo y me tiré al agua. Y ahí entendí que en la vida hacemos exactamente lo mismo. **Lo que más nos cuesta es confiar. Pero cuando lo hacemos, permitimos que la vida fluya** y todo es mucho más sencillo de lo que pensamos.

Pero cuando empezamos a sentir mucho miedo, somos nosotros los que nos autoboicoteamos tirando la toalla. En cambio, cuando confías, es impresionante lo que sucede. Cuando te mueves con seguridad, siguiendo tu intuición, y perseveras sin dejarte desanimar por los obstáculos que encuentras, los resultados son impresionantes.

Cuando estaba subida en la tabla de *windsurf*, la velocidad me impresionó porque no estaba acostumbrada a confiar y a que la vida fluyera con tanta naturalidad.

EL LEÓN SEDIENTO

Un atardecer, el gran león se encaminó hasta un lago cercano para beber. Era su lago favorito porque sus aguas eran limpias y cristalinas. Cuando el felino inclinó la cabeza y se dispuso a calmar su sed, vio su rostro reflejado en ellas y creyó que otro león lo miraba con ferocidad.

Asustado, dio un salto hacia atrás.

—Este debe de ser el león encargado de custodiar el lago. Me atacará si intento beber aquí —pensó.

Atemorizado, se alejó de la orilla, esperando que, tal vez más tarde, el guardián se iría. Pero la sed lo acuciaba y decidió volver a intentarlo.

Y otra vez, al inclinar la cabeza se encontró con el león del lago observándolo. Quiso asustarlo y abrió sus fauces todo lo que pudo, dejando escapar un terrible rugido, pero lo mismo hizo el león del lago. Muy asustado, el león se alejó tan aprisa como pudo.

Como la sed iba en aumento, lo intentó varias veces y siempre estaba allí aquel maldito león para impedirle beber.

Hasta que llegó un momento en que, desesperado por beber, decidió jugarse la vida si era necesario y tomó la determinación de meter su hocico en el agua pasara lo que pasara.

Se acercó a la orilla e introdujo rápidamente la trompa en sus cristalinas aguas y, en ese momento, el «león guardián» se desvaneció.

RELATO HINDÚ

La experiencia que más me impactó en materia de superación de miedos la viví en el seminario Camina por el Fuego que imparte Laín García Calvo por toda España. Es un seminario para desestabilizar tus sistemas de creencias limitantes y poder así superar tus miedos. Fue impresionante lo que viví allí.

Desde muy pequeña me habían impresionado las heridas y la sangre. Antes me desmayaba cada vez que me ponían una inyección.

En noviembre de 2013, volé a Gran Canaria exclusivamente para hacer ese seminario. Tenía claro lo que quería hacer en la vida, había superado un montón de obstáculos y de miedos.

Ya había empezado a creer en mí y, sin embargo, profesionalmente me sentía paralizada y no sabía por qué. Quería empezar a trabajar, pero algo me estaba bloqueando.

Laín me animó a realizar ese seminario y, como él me inspiraba plena confianza y todo el mundo contaba maravillas sobre la experiencia, decidí probar.

Aunque no entendiese cómo podía ser posible, sabía que iba a caminar por el fuego sin quemarme. Lo tenía asumido.

Lo que no me esperaba en absoluto era que íbamos a romper una flecha con la garganta. ¡Con lo que me asustaba a mí la sangre! Yo no contaba con eso.

Por supuesto, nada era obligatorio. Cada uno elige las pruebas que quiere superar.

El caso es que yo estaba allí en estado de *shock*. Y, sin embargo, cuando empezaron a hacer la prueba, vi que todo el mundo lo hacía ¡y no pasaba nada! Las flechas se rompían con una facilidad pasmosa. ¡Era un espectáculo increíble!

Entonces me dije, si los demás pueden, yo también tengo que poder. Cuando llegó mi turno, el instructor, mirándome a los ojos, pronunció las palabras claves: «¡Rut, no pienses! Y camina hacia delante».

Y sin más, di un paso hacia delante y la flecha se quebró al instante.

Por supuesto, que a nadie se le ocurra tomar una flecha y hacer esta prueba por su cuenta. Esta prueba requiere un entrenamiento mental, cumplir una serie de normas y hacerla con un instructor profesional en técnicas de alto impacto.

La experiencia fue brutal, como todo lo que sentí y pasó por mi cabeza el resto del día. En ese momento entendí que, si había sido capaz de hacer eso, ¡¿cuántas cosas podía conseguir?!

¿Y cuántas cosas a lo largo de la vida había dejado de hacer pensando que no era capaz?

Jim Laudrum dice: «Si no sabes que no puedes, entonces sí puedes, y si no sabes que puedes, entonces no puedes».

Y también entendí lo que dijo Henry Ford: «Tanto si crees que puedes como si no puedes, estás en lo cierto».

Es ahí donde radica la diferencia. El miedo es sólo un telón creado por tu mente. Para mantenerte dentro de tu zona de confort, para «protegerte». Lo que pasa es que, en ausencia de peligros reales, la mente busca ahorrar energía evitando cambios en tu vida. ¿Y cómo consigue eso? Manteniéndote siempre dentro de la experiencia conocida.

Sin embargo, eso no da la felicidad. Porque somos seres vivos, creativos, somos amor y necesitamos crecer, fluir, aprender cada día, cada momento. Somos energía y, en el momento en que la detenemos o la bloqueamos, sufrimos.

El miedo es sólo una emoción, un artificio de tu mente. Y por esa razón, el miedo nunca puede ser mayor que quien lo creó. No tendría sentido.

Es humano sentir el miedo. Pero ahora sé que cada vez que algo me da miedo, sé dónde está mi crecimiento. Los miedos me muestran el camino hacia mis sueños. Es ahí donde están las lecciones que he de aprender.

Por ejemplo, en aquel seminario descubrí que lo que me estaba frenando a empezar mi carrera profesional como arquitecta de emociones, como autora, como conferenciante y *coach*, era mi vergüenza al qué dirán, la inseguridad de no estar a la altura, el miedo a no ser capaz. Los miedos suelen aparecer disfrazados de forma que no siempre es fácil reconocerlos. Unas veces se disfrazan de vergüenza, envidia, etcétera.

Y ese día aprendí el inmenso poder de la mente. Sentí una liberación enorme. Sentí libertad como nunca hasta ese momento la había experimentado. A partir de ese momento, dejaron de importarme las opiniones de los demás respecto a mí.

Todavía hoy guardo esa flecha rota para recordarme lo maravilloso e increíble del ser humano. Y todo lo que aún nos queda por descubrir.

«Si un roble de treinta metros de altura tuviera la mente de un ser humano, sólo crecería hasta una altura de tres metros.»

T. Harv Eker

Tú eres el único que tiene la capacidad de limitarte a ti mismo. Tú eres el que decide hasta dónde quieres llegar.

EL MUNDO NECESITA PERSONAS QUE AMEN LO QUE HACEN

¿CUÁL ES TU LEGADO?

«LO QUE HACEMOS EN VIDA TIENE SU ECO EN LA ETERNIDAD.»

Máximus Decimus Meridius

Gladiator

«Lo que más hace falta en el mundo es lo que tú has venido a darle.»

Alejandro Jodorowsky

Escritor, director de cine y artista

* Propósito

«Mientras no estemos totalmente comprometidos habrá indecisión, existirá la posibilidad de echarse atrás y habrá siempre ineficacia. En el momento que uno se compromete firmemente, la providencia se pone también en movimiento. De la decisión surge un caudal de sucesos que provoca todo tipo de incidentes imprevistos a nuestro favor, causa encuentros casuales y trae la ayuda material que nadie habría soñado encontrar.»

W. H. Murray

Cuando tomas la decisión de encontrar tu camino y de ser tú mismo, de cumplir tu propósito en esta vida y de seguir tu vocación, encontrarás obstáculos, muros, miedos, personas que te tachan de ingenuo, que intentarán disuadirte o desanimarte. Pero si te mantienes fiel en tu decisión, encontrarás tu recompensa.

Es muy importante que no renuncies, que no te eches atrás, que no te desanimes, que no te desenfoques, **que no te rindas...** Aparecerán dudas, tu mente te pondrá mil excusas para echarte atrás. No le hagas caso. Y cuando consigas superarlo, habrás crecido un poco más y tu alma, tu Dios, el universo entero te recompensará.

No intentes convencer a la gente que te intenta proteger o echar para atrás. Confía en ti, **cree en ti**. Si tú crees, **tu vida** no te dejará. Porque después de superar las dudas, te levantarás más fuerte de lo que nunca has soñado y tu alma levantará el vuelo **libre**, feliz y en paz.

Esa voz, que tantas veces hemos intentado ahogar y hemos encerrado, se hará fuerte y levantará el vuelo. Sentirás que el universo entero te apoya, te anima y te bendice. Te darás cuenta de un sinfín de detalles que antes no veías. Serás consciente de que vives en un mundo precioso, lleno de amor y de belleza. Empezarás a percibir que la vida es perfecta.

Cuando empieces a creer en ti, empezarás a conocer a personas excepcionales que reconocerán tu grandeza, tu alma y tu luz, nada más mirarte. Y empezarás a recibir todo lo que das multiplicado.

De todos los viajes que hagas, el más alucinante de todos será ése, hacia el interior de ti mismo, donde descubrirás un sinfín de potenciales dormidos.

SI TIENES UN SUEÑO, NO TE DETENGAS

Confía aunque aparentemente nada cambie, aunque las personas más cercanas a ti no crean en ti, intenten disuadirte; persiste y sobre todo nunca te rindas.

Cada proceso lleva su tiempo, su desarrollo y requiere de nuestra constancia y de nuestra confianza. Nuestro principal error suele ser la inmediatez. Cuando queremos algo, lo queremos ya. Levanta la vista y mira a tu alrededor, observa la naturaleza y sus procesos.

Los bosques más frondosos, los paisajes más bellos no surgieron de la noche a la mañana. Todo necesita su tiempo y que tú en todo momento perseveres, sigas construyendo y creyendo en ello.

PROTEGE TU SUEÑO

Si tienes un sueño, no se lo cuentes a nadie hasta que se haga fuerte. Los sueños requieren mucha energía, requieren que creas en ellos. Y sobre todo al principio, cuando se están gestando, necesitan que los alimentes día a día. Y cuando lo cuentas y lo compartes, inevitablemente, las personas opinarán, y su opinión podrá reforzar o debilitar la tuya.

Ése ha sido uno de mis grandes errores. Antes compartía mis ideas antes de hacerlas realidad. Y cada vez que se lo contaba a alguien, sin darme cuenta, gastaba mi energía en intentar sostener ese sueño para que a los oídos de los demás resultara viable, dejando sin energía mi sueño.

TU PASADO NO TE DEFINE

Tu pasado nunca podrá ser un obstáculo, porque ya ha pasado. Tu recorrido no te define, es sólo pasado. Lo que has vivido es sólo el resultado de cómo pensabas en el pasado. Lo que vivas en el futuro es el resultado de lo que estás pensando hoy. El futuro no está escrito. Se construye desde el presente.

Por eso no importa dónde te encuentres hoy ni lo lejos que estás de donde quieres llegar. Lo grandioso es que hoy tú puedes elegir hacia dónde quieres dirigirte. Hoy tú puedes elegir quién quieres ser. Hoy tú puedes elegir cómo vivir tu vida, cómo sentir, qué cosas son importantes para ti y cuáles no.

Hoy en día tú puedes cambiar tus creencias limitantes y tu forma de pensar. Hoy es posible.

Es precioso ver cómo, a medida que empiezas a cambiarlas, a medida que interiorizas los nuevos hábitos y que integras los cambios, tu mente empieza a conformarse con una nueva estructura.

Empiezas a sentir paz, seguridad y estabilidad. Ya no tienes que hacer grandes esfuerzos para reponerte de los imprevistos que surgen en la vida, para enfocarte en el lado positivo o para enfocar tu mirada hacia otro lado.

Una vez que experimentas el cambio en tu interior, nada podrá derrotarte. Aprendes a confiar y a preocuparte menos.

EL EFECTO PIGMALIÓN

«La capacidad de creer en los demás nos abre las puertas a todo un mundo lleno de oportunidades de colaboración y de creación conjunta.»

Ricardo Gómez

Autor de *Trabajo y felicidad,* conferenciante y *coach*

Cuenta la mitología griega que durante mucho tiempo Pigmalión, el rey de Chipre, había buscado una esposa cuya belleza correspondiera con su idea de la mujer perfecta, pero no la encontró. El rey vivió en soledad durante mucho tiempo. Cansado de la situación en la que estaba, empezó a esculpir una estatua de mujer con rasgos perfectos y hermosos. La llamó Galatea. Era tan perfecta y tan hermosa que se enamoró de ella perdidamente. Soñó que la estatua cobraba vida. El rey se sentía atraído por su propia obra, y no podía dejar de pensar en su amada de marfil.

En una de las grandes celebraciones en honor a la diosa Venus que tenía lugar en la isla, Pigmalión suplicó a la diosa que diera vida a su amada estatua. La diosa, que estaba dispuesta a atenderle, elevó la llama del altar del escultor tres veces más alto que la de otros altares. Pigmalión no entendió la señal y se fue a su casa muy decepcionado.

Al volver a casa, contempló la estatua durante horas. Después de mucho tiempo, el artista se levantó y besó a la estatua. Pigmalión ya no sintió los helados labios de marfil, sino que sintió una suave y cálida piel en sus labios. Volvió a besarla y la estatua cobró vida, enamorándose perdidamente de su creador. Venus terminó de complacer al rey concediéndole a su amada el don de la fertilidad.

El efecto Pigmalión en psicología hace referencia a que las expectativas que tenemos sobre los demás tienden a ser cumplidas. No sólo las que tienes sobre ti mismo, sino las que tienes sobre los demás.

Si tú piensas que alguien te va a defraudar, empezarás a comportarte con desconfianza ante esa persona y es bastante probable que esa persona acabe distanciándose de ti. Si, por el contrario, tú confías en alguien y demuestras tu confianza a lo largo del tiempo, probablemente esa persona de alguna forma corresponderá esa confianza.

Por lo general, somos muy sensibles a las opiniones de los demás. Eso es evidente. Lo que tal vez no sea evidente es que, cada vez que juzgamos a alguien, que le criticamos, estamos emitiendo unas emociones. Y esas emociones, tal y como vimos en el capítulo 5, generan un campo magnético que interfiere en las personas a las que estamos elogiando o criticando. Es algo que no podemos ver, pero tan real como lo que transmites cuando tú amas o te enfadas con alguien.

Esa persona puede percibirlo aunque físicamente no esté a tu lado. Si tú insultas a alguien o alguien te insulta, te puede hacer sentir mal. La energía se transmite y podemos sentirla aunque no la veamos.

Por eso es muy importante aprender a creer en las personas, además de en nosotros mismos. Y elegir la forma en que miramos a las personas que nos rodean. Que no seamos conscientes de lo que transmitimos es una cosa, pero independientemente, todos somos responsables de lo que transmitimos.

Todos somos cocreadores de la realidad que vivimos. Eso no nos convierte en culpables, puesto que es algo que hacemos de forma inconsciente. Pero sí somos responsables.

Si un profesor baja el nivel de la clase porque le han comunicado que esos alumnos tienen problemas para llevar el curso adelante, esos alumnos bajarán aún más su nivel. Si se espera menos de ellos y se les exige menos, darán menos.

Si, por el contrario, un profesor hace sentir a sus alumnos que son únicos, que son capaces y que pueden conseguir lo que quieran, logrará que se superen y mejoren sus resultados.

Todo depende de cómo tratemos a las personas y de lo que esperemos de ellas. Porque, en función de lo que esperemos, nos comportaremos de una forma o de otra.

A los tres meses de estar estudiando alemán en Friburgo, me preparé un examen de nivel para cambiar de escuela. La profesora que tenía de alemán siempre me estaba diciendo lo mal que hablaba y constantemente me comentaba: «Rut, cometes muchos errores, cada vez hablas peor. No te veo preparada para pasar al siguiente nivel».

Y lo cierto es que cada día me sentía más insegura y cada día cometía más errores. Dejé esa academia, me presenté al examen de la nueva escuela y salí del examen pensando que lo había hecho mal. Por aquel entonces yo compartía un departamento con tres chicas alemanas, y cada día me costaba más hablar en alemán con ellas. Hasta que me dieron las notas del examen.

A la semana siguiente, fui a la escuela a recoger las notas y la nueva profesora de alemán me dijo: «Rut, te recomiendo que pases al siguiente nivel porque en éste te vas a aburrir. Has sacado la máxima nota. Tu examen estaba perfecto».

Como ya pueden imaginar, salí de allí contentísima. Llegué a casa hablando alemán por los codos, fluidamente, sin ningún problema. Ese día entendí lo importante que es rodearse de las personas adecuadas y aprender con aquellos que creen en ti y que te potencian en tu aprendizaje.

«Somos arquitectos de profecías autocumplidas.»

Eduardo Punset

Escritor, economista, político y divulgador científico

Fue increíble comprobar cómo había cambiado mi nivel de alemán sólo al saber que yo podía hacerlo perfectamente. El bloqueo era interno. No es que no fuera capaz, es que no me creía capaz. Ese día también vi el enorme poder que ejercen las opiniones de los demás sobre ti cuando tú no crees en ti.

SI TÚ CREES QUE EL MUNDO ESTÁ LLENO DE PERSONAS MARAVILLOSAS, LAS ENCONTRARÁS. CUANDO EMPIECES A PENSAR QUE EL MUNDO ES UN LUGAR EXTRAORDINARIO, TU VIDA EMPEZARÁ A SER EXTRAORDINARIA.

La clave siempre está en tu mente. En lo que tú creas. No sólo por tu capacidad personal de transformarte a ti mismo, sino también por tu capacidad de transformar el mundo en que vivimos y la realidad que estás viviendo.

Las expectativas que tenemos sobre los demás tienden a ser cumplidas, aun cuando las personas en cuestión no sean conscientes de ello. Ya sean positivas, movidas por el amor; o negativas, movidas por el miedo.

Y les puedo asegurar que, desde que empecé a ser consciente de esta realidad y de mis emociones, cada una de las expectativas que he tenido se ha ido cumpliendo, una a una.

Ya es hora de empezar a cambiar los viejos paradigmas del pasado.

El mundo está esperando que creas en él.

Cuando yo descubrí todos estos principios sentí una paz que no había sentido antes.

Me di cuenta de que llevaba toda una vida esperando que alguien me confirmara lo que de una forma u otra había intuido.

Yo no paré de buscar, no me rendí hasta que encontré. Y cuando lo encontré, sentí **paz**.

Esperaba que alguien me confirmara lo que yo siempre había creído. Estaba deseando **creer**.

Ahora lo veo yo en las personas con las que trabajo. Al igual que yo, esas personas también están deseando **creer**. E inconscientemente buscan a quien sabe que las puede ayudar a legitimar su potencial, su confianza. Para que a partir de ese momento encuentren también paz y puedan volar libres. Y es así como se contagia la fe.

Somos luz, y cuando nos permitimos brillar, damos a luz a los que buscan y automáticamente les permitimos que ellos también empiecen a brillar.

SÓLO QUIEN SE ATREVA A ROMPER LAS CADENAS

La vida no es dura, la vida en realidad es muy sencilla. Resulta complicada cuando cargamos con todas las limitaciones que no nos pertenecen.

La vida no es esfuerzo, la vida es perseverar con ilusión en lo que amas.

No lo fuerces, todo llega cuando tiene que llegar, respeta los ciclos y los tiempos de la naturaleza y permite que la vida fluya. **Confía.**

¡Tú eres capaz! No escuches a los que te digan lo contrario. No lo tomes personal, aún no han aprendido a creer en sí mismos.

¡No seas realista! Hoy podemos hacer infinidad de cosas gracias a todos aquellos que no fueron realistas, dieron alas a su imaginación y creyeron en sus sueños.

No dejes que nada te paralice, todo lo que has sembrado llega cuando dejas de preocuparte por ello.

Y lo más importante, **no pares de dar las gracias** por todo lo que tienes hoy y por todo lo que has vivido y recibido.

Rompe las viejas cadenas que lo único que hacen es limitarte y alejarte de lo que tú quieres ser.

¡CREE EN TI!

TIPS PARA VIVIR UNA VIDA EXTRAORDINARIA

1. La gratitud es abundancia, la queja es escasez. Aquello en lo que te centras se expande. Cuanto más agradezcas lo que tienes, más motivos te dará la vida para sentirte agradecido.

2. Ámate. Trátate con cariño, perdónate, mímate. Abre tu corazón al amor, a la paz, a la abundancia y a todo lo bueno que la vida quiere ofrecerte.

3. Deja marchar el pasado. Libera el sufrimiento que te impide avanzar, perdona y perdónate. Permítete liberar todo tipo de emociones negativas, no te tortures, no te aferres a ellas, y ábrete al amor y a todo lo maravilloso que la vida tiene reservado para ti.

4. Cree en ti con tanta fuerza que el mundo no pueda evitar creer en ti. Tú eres la clave. Tú tienes la llave. Todo lo que tú necesitas para conseguir lo que tienes reside dentro de ti. De ahí la importancia de invertir en uno mismo.

5. Haz lo que amas. Sea lo que sea lo que te haga feliz, ¡¡hazlo!! Enciende la música, salta, baila, ríete, abraza, besa, nada, corre, haz *surf*, esquía, ¡¡¡sé feliz!!! **Usa el poder infinito de la motivación.** Conecta con tus sueños, visualiza lo que quieres y siéntete merecedor de ello.

6. Presta atención al lenguaje y a las palabras que utilizas. Cuida tu diálogo interior y el vocabulario. Cada palabra que pronuncias es una semilla que tarde o temprano dará su fruto. Nuestra mente es un GPS que sin darnos cuenta nos dirige hacia aquello que decretamos con cada palabra que decimos.

7. El momento es ahora. Toma acción inspirada. Si quieres ser feliz, si tienes un sueño, el momento de empezar es ahora. No dejes para mañana lo que puedes hacer hoy. Da el primer paso hoy. El presente es un regalo, disfrútalo. **El presente construye el futuro**.

8. El escepticismo cierra las puertas, la fe las abre. La mente es como un paracaídas, sólo funciona si se abre. La mente es el mayor valor en el que puedes invertir. Abre tu mente. Busca.

9. Si quieres un cambio en tu vida, pide ayuda a quien sepa cómo conseguirlo. No hay ninguna necesidad de volver a inventar la rueda. Rodéate de personas exitosas, felices y que saben cómo conseguir lo que quieren. No te sientas inferior por pedir ayuda. El sistema educativo actual todavía no ha incorporado la enseñanza del éxito. No nos han enseñado a gestionar nuestras emociones, no nos han enseñado cómo funciona la mente, ni a transformar nuestra realidad. Pero **hoy no hay ninguna necesidad de privarte de conseguir lo que amas**. Cientos de miles de personas ya están disfrutando de una vida extraordinaria porque pidieron ayuda a las personas adecuadas.

10. Persevera. Prohibido rendirse. La principal razón por la que las personas no consiguen lo que quieren es porque no saben lo que quieren. La segunda razón es porque se rinden antes de tiempo. Lo que tienes en tu vida hoy es la consecuencia de lo que tú pensabas e hiciste en el pasado.

Lo que pienses y hagas hoy es lo que determinará tu futuro. Todo proyecto requiere su tiempo para hacerse realidad. ¡¡Persevera siempre con entusiasmo!!

Éstos son algunos de los principios que cambiaron mi vida y que hicieron y siguen haciendo realidad mis sueños.

SIEMPRE AGRADECIDA

Hace tres años nunca me hubiera imaginado capaz de dar este giro a mi vida. Dejar la «seguridad» del trabajo como contratada para convertirme en una mujer emprendedora.

Durante años admiré a las personas que tenían su propia empresa. Pero cuando volvía la mirada a mí, me sentía pequeña y me parecía complicadísimo.

Gracias al descubrimiento de todos los principios que cuento en este libro, gracias a todo lo que me enseñó Laín y al tiempo que invertí en la reprogramación de creencias, el cambio fue infinitamente más sencillo de lo que jamás había imaginado.

Si tuviera que resumir **los secretos que me han permitido llegar hoy hasta aquí,** fue gracias a...

1. Los libros de crecimiento personal que leí.

2. Que pedí ayuda a alguien que podía y sabía ayudarme. No a alguien que estuviera en la misma situación que yo, sino a alguien que ya había recorrido ese camino. Ésa fue la clave. Porque sólo el que ya conoce el camino puede mostrártelo.

3. Gracias a los seminarios a los que asistí.

4. Gracias a la reprogramación de creencias. Esto me ha permitido liberar infinidad de bloqueos internos que ni siquiera sabía que tenía y dar una nueva dirección al GPS de mi mente. En mis seminarios enseño técnicas para comprobar tus creencias a nivel subconsciente y para cambiarlas.

Es impresionante la información que puedes sacar de tu mente con estos test. Te sorprendería descubrir en cuántos casos no hemos logrado lo que queríamos por falta de merecimiento, baja autoestima o por demasiados sentimientos de culpa sin resolver.

Gracias a la técnica de reprogramación de creencias que enseño en los seminarios, he descubierto información muy valiosa acerca de mí y de las verdaderas razones que han dirigido mi vida hasta que yo he tomado el control sobre ella.

Ahora entiendo por qué hay mujeres a las que les cuesta tanto quedarse embarazadas, por qué hay personas a las que les cuesta tanto adelgazar, encontrar trabajo, pareja o enriquecerse.

Siempre, detrás de todo aquello que no has conseguido, existe una contraorden en tu mente subconsciente.

Cuando detectas los bloqueos y cambias las creencias, los cambios no sólo se notan a nivel emocional, sino también a nivel biológico.

Lo mejor de todo esto es que, una vez que empiezas a limpiar tu mente subconsciente y a reprogramarla, llegar a donde te propones empieza a resultar infinitamente más fácil.

Cada día me sorprendo más a mí misma cuando detecto cómo han cambiado mis respuestas automáticas. Me parece divertido ver cómo mi mente subconsciente me impulsa, sin yo hacer ningún esfuerzo hacia donde quiero ir. Es realmente alucinante y precioso.

De todos los viajes que he hecho, éste es sin duda el mejor. Hacia la mejor versión de mí misma. Por eso te ofrezco toda mi ayuda para que tú también puedas liberarte de todo lo que te impide ser feliz y vivas una vida extraordinaria.

¿Estás preparado para empezar los mejores años de tu vida?

Te quiero y creo en ti.

¿QUÉ MÁS PUEDO HACER A PARTIR DE AHORA?

Si *Cree en ti* te ha gustado, la segunda y la tercera parte de la trilogía, el *Manual avanzado de manifestación* y *El amor de tu vida* te van a enamorar.

En la segunda parte aprenderás **cómo usar** todo el poder de tus emociones, cómo llevar a la práctica todo lo que has leído en este libro. Comprenderás cómo funciona el proceso de manifestación paso a paso; en él encontrarás muchos ejercicios prácticos que te enseñarán a utilizar ese poder tan inmenso que se te ha dado en tu día a día, para vivir la vida que deseas vivir.

Y en la tercera parte aprenderás las claves para poder **disfrutar** de una **relación extraordinaria contigo mismo** y **con las personas más importantes de tu vida**. Si aún no los tienes, puedes conseguirlo en...

www.manualavanzadodemanifestacion.com
www.elamordetuvida.es

Sólo a través de la práctica y de introducir nuevos hábitos en tu día a día puede cambiar tu vida. El conocimiento da sus frutos a través de la experiencia, cuando lo incorporas a tu vida. El hábito, por pequeño que sea, es el que genera el cambio. Te animo a seguir leyendo y a asistir a conferencias y a seminarios de crecimiento personal.

Y, por supuesto, te animo a venir a mis **seminarios**, para que puedas vivir la experiencia de conectar con ese amor que reside dentro de ti y con su infinito potencial junto a cientos de personas. Porque, cuando muchas personas se reúnen con el propósito de ser más felices, la energía que se genera es increíble.

La experiencia individual es preciosa y necesaria, pero compartir todo esto con cientos de personas es algo que no se puede explicar con palabras.

Estamos organizando seminarios por toda España, para llegar a todos ustedes. Mi siguiente destino será América. Y quiero que todo el mundo tenga la oportunidad de **recordar quién es y todo el poder que se le ha dado para disfrutar de una vida extraordinaria**. Mi gran sueño es que tú puedas experimentar ese amor tan grande que reside en ti y que todo el mundo tenga acceso a todo lo que a mí y a millones de personas ya nos ha cambiado la vida.

Por esa razón, te invito a seguirme en las redes sociales, allí te informaré de todo lo que haga. Búscame en...

- Rut Nieves Arquitecta De Emociones
- Google+: Rut Nieves Arquitecta De Emociones
- Twitter: @rutnievesmiguel
- Instagram: rutnieves

Si tu corazón te lo pide, ¡ven a vivir la experiencia **Cree en Ti** y **Relaciones Extraordinarias**! Avisa a las personas que más quieres y tráelas. Porque no hay nada más bonito que **compartir** todo esto con las personas que más quieres. Pero, sobre todo, permítete vivirlo tú.

No trates de convencer, simplemente, **invítalos a vivir la experiencia**.

Te deseo que vivas una vida extraordinaria, que abras tu mente a los milagros y tu corazón al amor. ¡Que cada día seas inmensamente feliz!

Muchísimas gracias por acompañarme en este precioso camino. Bendiciones.

Con todo mi amor,

RUT

¿QUIERES SER MENSAJERO DEL AMOR?

¿Te gustaría que más personas descubrieran *Cree en ti*? ¿Te imaginas cómo sería tu vida si las personas que más quieres conocieran todo lo que tú has aprendido y te ha ayudado a mejorar tu calidad de vida?

Mi propósito de vida es ayudar a las personas a que descubran el potencial de su mente y sus emociones, y el poder infinito del amor que reside dentro de cada uno, para que cada persona pueda ser la arquitecta de su vida y conseguir lo que realmente su corazón anhela.

Si quieres colaborar con la difusión de las ideas y conocimientos que transmito en este libro y crees que es importante que otras personas descubran su grandeza, su precioso valor y el poder que reside en su interior, puedes hacerlo de varias formas:

1. Regala el libro *Cree en ti* a las personas que más quieres.

2. Hazte una foto con el libro y envíamela a <contact@ rutnieves.es> para animar a otras personas a que descubran lo valiosas y poderosas que son. También puedes compartir tu foto en las redes sociales, para que otras personas puedan también descubrir el libro.

3. Escríbeme unas líneas acerca de lo que te ha parecido el libro y qué te ha aportado a ti. Si fue valioso para ti, puede ser valioso para otras personas.

4. Graba tu opinión sobre el libro en un pequeño vídeo de unos treinta segundos (aproximadamente) con tu celular, donde simplemente digas tu nombre, qué beneficio te ha aportado el libro y tu recomendación personal para que otras personas descubran este libro.

Gracias por existir y por haber elegido aprender más sobre ti y **creer en ti**. Porque, al hacerte consciente de tu grandeza y aprender a vivir más plenamente, estarás formando parte del despertar del mundo y siendo testigo de todo el amor que llevas dentro. Gracias por colaborar en crear un mundo más justo y más humano basado en el amor y el respeto, donde cada día más personas creen en sí mismas y en el amor.

Para tu información, 10 % de los beneficios de este libro están dedicados a ayudar a los que menos tienen.

Te deseo todo lo mejor del mundo y que todos los sueños que duermen en tu corazón se hagan realidad.

Con todo mi amor,
RUT NIEVES

Tengo un último   mensaje para ti

CREE EN TI con tanta fuerza

que el mundo no pueda evitar CREER EN TI

Trátate siempre con AMOR

Te mereces TODO LO MEJOR

Eres GRANDIOSO

Gracias por EXISTIR

Te quiero,

RUT